现代图书馆管理体系与服务研究

陈 诚◎著

吉林文史出版社

图书在版编目（CIP）数据

现代图书馆管理体系与服务研究 / 陈诚著. — 长春：
吉林文史出版社，2024. 8. — ISBN 978-7-5752-0616-7

Ⅰ.G25

中国国家版本馆 CIP 数据核字第 2024FE6069 号

现代图书馆管理体系与服务研究
XIANDAI TUSHUGUAN GUANLI TIXI YU FUWU YANJIU

出 版 人	张　强
著　者	陈　诚
责任编辑	靳宇婷
出版发行	吉林文史出版社
地　址	长春市福祉大路 5788 号
邮　编	130117
电　话	0431-81629364
印　刷	河北浩润印刷有限公司
开　本	710mm×1000mm　　1/16
印　张	11.25
字　数	200 千字
版　次	2025 年 1 月第 1 版
印　次	2025 年 1 月第 1 次印刷
书　号	ISBN 978-7-5752-0616-7
定　价	68.00 元

前 言

　　图书馆作为知识资源的重要载体和传播渠道，在促进知识传播、培养人才、服务社会等方面发挥着不可替代的重要作用。然而，随着信息技术的飞速发展和社会需求的不断变化，图书馆面临着前所未有的机遇和挑战。如何创新管理体制，优化服务模式，充分发挥图书馆的职能作用，已经成为当前图书馆事业发展的重中之重。

　　本书是对图书馆领域中管理体系和服务模式的深入探索，关注现代图书馆的发展趋势、服务创新、质量评价与改进、营销与社区参与、信息技术应用及人才培养与团队管理等议题。通过研究图书馆的演变历程和基本理论，分析图书馆架构的组织结构、规划管理、人力资源和财务控制。另外，本书研究了数字化时代下图书馆的创新服务、服务质量评价和改进策略，以及营销和社区参与，同时探讨了信息技术在图书馆管理与服务中的应用，现代图书馆的人才培养需求和团队管理等内容。

　　希望本书能为从事图书馆事业的同人提供理论参考和实践指引，推动图书馆事业的创新发展，助力图书馆更好地肩负起知识传播和人才培养的光荣使命，为增进人类文明进步贡献绵薄之力。

　　当代是图书馆发展的黄金时期，也是机遇与挑战并存的时期。让我们携手并进，开拓创新，共同谱写图书馆事业的崭新篇章！

目 录

导　论

第一节　研究背景和目的

一、研究背景

（一）当前图书馆面临的挑战和机遇

1. 数字化和信息技术的快速发展

科技的不断进步，尤其是数字化和信息技术在社会各个领域得到了广泛应用和推广，对图书馆的传统服务模式和经营方式产生了深远影响。

过去，用户主要通过阅读纸质图书和期刊来获取信息，而现在，随着数字化技术的普及，用户可以通过网络平台随时随地获取各种数字化资源，包括电子书籍、在线期刊、数字档案等。这种便捷的信息获取方式给传统图书馆带来了竞争压力，使其面临着如何满足用户日益增长的信息需求的挑战。数字化技术的应用为图书馆提供了更多展示和传播文献信息资源的途径，使得馆藏资源得到更广泛的利用和共享。通过建设数字图书馆和开发数字化资源，图书馆可以实现文献信息资源的数字化、网络化和智能化，提升服务质量和效率，满足用户多样化的信息需求。此外，数字化和信息技术的快速发展也为图书馆提供了更多的创新发展机遇。图书馆可以利用先进的技术手段，如人工智能、大数据分析等，开展图书馆服务的个性化定制、智能化推荐和精准营销，提升服务水平和用户满意度。同时，数字化技术也为图书馆提供了更多的合作和共建机会，可以通过建立数字资源共享平台和网络联盟，实现资源共享和合作发展，提高整体竞争力和影响力。

2. 用户需求和服务模式的转变

随着社会的发展和科技的进步，用户需求和服务模式也在不断发生变化，这为图书馆带来了新的挑战和机遇。

过去，用户主要需要获取书籍、期刊等纸质文献资源，而现在，随着信息时代的到来，用户对信息的需求更加多样化和个性化。他们希望能够通过网络获取各种数字化资源，包括电子书籍、在线期刊、数字档案等，而且希望能够随时随地进行访问和利用。因此，图书馆需要根据用户的需求变化，及时调整和优化自身的服务模式，提供更加多样化、便捷化和个性化的服务，以满足用户的需求。

传统的图书馆服务模式以实体馆藏和纸质文献资源为核心，用户需要亲自前往图书馆借阅和阅读。而现在，随着数字化技术的发展，图书馆可以通过建设数字图书馆和开发数字化资源，实现信息资源的数字化、网络化和智能化，从而提供线上借阅、远程访问等便捷的服务。此外，图书馆还可以通过开展虚拟参观、在线培训等创新活动，拓展服务领域，提升服务水平。

在这种背景下，图书馆需要不断调整自身的服务模式，将传统服务模式与现代化技术相结合，打造全方位、多层次、立体化的服务体系，以满足不同用户群体的需求。同时，还需要加强用户使用数字化资源的培训，提高用户对数字化资源的利用能力和水平，从而更好地适应信息社会的发展。

3. 社会环境和政策导向的变化

随着社会在不断发展，人们对文化、知识和信息的需求也在不断增长。这意味着图书馆需要更好地满足社会公众对于文化知识的获取和传播的需求，为社会提供更广泛、更深入的服务。这也是图书馆从传统的"书库"向现代化的"知识中心"转变的重要动力。图书馆可以通过丰富的文化活动、多样化的服务内容和创新的服务模式，积极融入社会生活，成为社区的文化中心和知识资源中心。

政府对文化事业的支持和投入，以及对图书馆建设和发展的政策倾斜，将直接影响到图书馆的发展方向和资源配置。在政策导向的引领下，图书馆可以更好地利用政策红利，加大投入力度，加强基础设施建设和信息化建设，提高服务质量和水平。同时，还可以积极参与各种文化建设项目和活动，提升自身的社会影响力和公信力，实现良性发展。

信息技术的高速发展、网络化的社会交往方式、人们对文化、知识和娱乐方式的多样化等因素，都在不断改变着图书馆的服务需求和服务方式。因此，图书馆需要及时调整自身发展战略，适应社会变化的需求，灵活应对各种挑战，抓住机遇，不断提升自身的竞争力和可持续发展能力。

（二）图书馆管理体系变革的必要性

1. 传统管理模式的局限性

传统管理模式下的图书馆通常以"书库"为中心，主要提供图书借阅和阅览服务，服务内容相对单一，满足不了用户的多样化需求。随着信息技术的迅速发展和互联网的普及，用户获取信息的途径越来越多样化，他们对于图书馆的期待也不再局限于传统的纸质图书。因此，传统管理模式的图书馆往往面临着服务内容单一、服务方式陈旧等问题，无法满足广大用户的需求。传统管理模式下的图书馆管理结构和运行机制较为僵化，决策效率低下，难以灵活应对外部环境的变化和内部需求的变化。传统管理模式下的图书馆通常采取集中式管理模式，决策权较为集中，难以充分发挥员工的创造性和积极性，也难以及时响应用户的需求变化。这种刚性的管理结构和运行机制不利于图书馆的发展和创新，需要通过管理体系的变革来实现机构的灵活性和高效性。由于资源配置不合理、利用效率低下，导致资源浪费严重，影响了图书馆的服务质量和效益。传统管理模式下的图书馆往往缺乏有效的成本控制和评估机制，对资源的使用情况缺乏全面、准确的了解，无法及时调整资源配置，导致资源的浪费和利用的低效。

因此，面对传统管理模式所面临的局限性，图书馆管理体系的变革势在必行。通过建立灵活高效的管理机制，图书馆能拓展服务内容和方式，提升资源利用效率，适应社会变化和用户需求的多样化，实现图书馆管理体系的现代化和科学化。

2. 提高管理效率和服务质量的需求

随着信息技术的发展和应用，图书馆管理系统的数字化和自动化已经成为必然趋势。采用先进的信息技术和管理软件，可以实现图书馆各项业务的自动化和智能化，提升管理效率和工作效率。例如，引入图书馆管理系统、数字资源管理系统和自助借还系统等先进设备和软件，可以实现图书馆资源的快速检索、借阅和归还，提升了服务效率和用户体验。

提高管理效率和服务质量还需要优化管理流程和组织结构，提升工作人员的素质和能力。通过简化冗余的管理流程、优化组织结构和完善内部沟通机制，可以提高决策效率和执行效率，减少管理成本和资源浪费。同时，加强员工培训和技能提升，提高员工的专业水平和服务意识，可以更好地满足用户的需求，提升服务质量和用户满意度。

通过开展用户调研、听取用户意见和建议，及时了解用户的需求和反馈，可以针对性地改进服务内容和方式，提升服务质量和用户体验。例如，建立用户反馈机制、定期组织用户满意度调查等，可以帮助图书馆更好地了解用户的需求和期待，及时调整服务策略和提升服务质量。

二、研究目的

本书旨在深入探讨现代图书馆管理体系的架构和特征及现代图书馆服务创新的策略。

1.探讨现代图书馆管理体系的构建与发展，深入分析其演变过程和趋势，以期为图书馆管理提供理论和实践指导。

2.分析数字化时代下图书馆服务创新的策略和方法，探讨数字化技术对图书馆服务模式的影响，以提升图书馆服务水平和用户体验。

3.研究图书馆服务质量评价与改进机制，探讨服务质量评价模型和指标体系，为图书馆提供持续改进的策略和方法。

4.探讨图书馆营销、社区参与和品牌建设的策略，分析社区参与对图书馆的重要性，并提出营销和品牌建设的有效途径。

5.分析信息技术在图书馆管理与服务中的应用，探讨自动化系统、大数据分析、云计算和人工智能等技术对图书馆的影响和作用。

6.研究现代图书馆人才培养与团队管理机制，分析图书馆人才需求、培养模式和团队建设策略，以提高图书馆的管理水平和服务质量。

第二节　研究问题和研究方法

一、研究问题

本书将重点关注以下问题：

1.现代图书馆管理体系的演变和发展过程是怎样的？其主要特点和趋势是什么？

2. 数字化时代下，图书馆如何创新服务模式？数字化技术对图书馆服务的影响和作用是什么？

3. 如何评价和改进图书馆的服务质量？服务质量评价的模型和指标体系应如何构建？

4. 图书馆如何开展营销、社区参与和品牌建设？在社区参与和品牌建设方面的有效策略是什么？

5. 信息技术在图书馆管理和服务中的应用有哪些？自动化系统、大数据分析、云计算和人工智能等技术对图书馆的影响和作用如何？

6. 现代图书馆如何进行人才培养和团队管理？图书馆人才需求、培养模式和团队建设策略应如何制订和实施？

二、研究方法

（一）文献研究法

文献研究法是我们研究中的重要方法之一，指的是系统地收集、梳理国内外与图书馆管理体系、服务创新、质量评价等相关领域的理论文献。通过细致的阅读和分析，我们将全面了解当前国内外图书馆管理研究的现状和发展趋势。这种方法有助于我们把握理论研究的前沿动态，为后续研究提供理论支持。在梳理文献的过程中，重点关注前人在图书馆管理领域的研究成果，包括理论框架、方法论、实证研究和案例分析等方面。通过对这些成果的总结和归纳，我们可以明确研究的基础和立足点，发现已有研究中的不足和亮点。这有助于我们在理论上深化认识，为后续研究提供清晰的思路和方向。

（二）比较研究法

比较研究法是一种重要的研究方法，旨在通过对国内外图书馆管理实践进行对比分析，发现其共性与特色，并据此提出发展路径和建议。这种方法有助于借鉴国外先进经验，同时结合国内实际情况，为图书馆管理提供更具针对性和实践性的建议。在比较研究中，重点关注国内外图书馆管理实践中的共性和特色，发现它们在组织结构、服务模式、技术应用、人才培养等方面的异同点。通过深入挖掘，可以找到国外先进经验在国内的借鉴意义，也可以发现国内独特的发展路径和创新点。

（三）系统分析法

系统分析法的核心在于构建理论分析框架，系统分析问题并提出对策建议。在研究过程中，首先明确研究的理论基础和分析框架。通过综合运用多种理论和概念，构建起一个系统完整的分析框架，以便深入分析图书馆管理中的问题和挑战。

系统分析旨在对图书馆管理面临的各种问题进行全面系统的分析。通过对问题的深入挖掘和分析，找出问题的根源、影响因素及相互关系，全面了解图书馆管理中存在的困难和挑战。这样的分析有助于更加清晰地把握问题的本质和复杂性，为后续的对策建议提供理论支撑和实践指导。

第三节　研究意义和价值

一、理论意义

（一）丰富和发展图书馆管理理论

对图书管理理论的研究有助于不断丰富和发展图书馆管理的理论体系。这包括从组织管理、信息服务、技术应用、用户需求等方面对图书馆管理进行深入探讨，为图书馆实践提供更加科学和有效的指导。现代图书馆管理体系的建设需要建立在坚实的理论基础之上。研究图书管理理论可以帮助夯实现代图书馆管理体系建设的理论基础，包括组织结构设计、服务模式构建、信息技术应用等方面的理论支撑，为图书馆管理实践提供指导和借鉴。

随着数字化时代的到来，图书馆面临着新的挑战和机遇。研究图书管理理论可以帮助探讨数字时代图书馆管理和服务创新的新理论，包括数字资源管理、数字服务设计、信息素养培训等，为图书馆适应数字化环境提供理论支持。图书馆服务质量评价、营销和人才管理是图书馆管理中的重要议题。研究图书管理理论有助于拓展图书馆服务质量评价、营销和人才管理理论，包括用户满意度评价模型、社会化营销策略、人才培养和激励机制等，为图书馆提升服务水平和管理效率提供理论支持。

（二）推动图书馆管理学科发展

通过不断深入研究图书馆管理理论，可以为学科的发展提供坚实的理论基础。这些理论不仅有助于学术界对图书馆管理本质和原则的深入理解，也为实践提供了指导和支持。其次，研究图书馆管理理论可以帮助学术界把握图书馆管理领域的最新动态和发展趋势，从而及时反映实践新发展，保持学科的活力和前沿性。进一步地，通过引入新的研究议题和方法论，研究图书馆管理理论为学科注入新的活力。这有助于拓展学科的研究领域，增加学科的吸引力和影响力。最后，研究图书馆管理理论还能推动学科的跨学科理论研究。由于图书馆管理涉及多个学科领域，跨学科的理论研究有助于拓展学科的视野和深度，促进学科的综合发展。

二、现实意义

（一）为图书馆管理改革提供理论指导

1. 为图书馆管理改革提供了理论指导

深入研究图书馆管理理论有助于明确当前图书馆管理体系存在的问题和不足，提出相应的改革方向和措施。这种理论指导有助于图书馆在实践中更加系统和有效地推进管理改革，提升管理水平和服务质量。

2. 明确图书馆管理体系优化的方向

对图书馆管理理论的分析和总结有助于确定图书馆管理体系优化的关键领域和重点任务，为图书馆管理实践提供明确的发展目标和方向。这有助于图书馆更加有针对性地进行管理改革和提升服务水平。

3. 为数字化转型提供管理策略

随着信息技术的发展和数字化环境的深入，图书馆面临着数字化转型的挑战和机遇。深入研究图书馆管理理论有助于制订相应的数字化转型策略和管理模式，指导图书馆如何有效地利用信息技术，提升服务效率和用户体验。

4. 为服务创新和质量改进提供依据

对服务创新和质量改进的理论研究有助于探讨和提出各种服务创新和改进的理论模型和方法，为图书馆提供实现服务创新和提升服务质量的理论基础和方法支持。这有助于图书馆更加科学和系统地推进服务创新和质量改进，满足用户需求，提升用户满意度。

（二）提升图书馆的管理水平和服务能力

通过深入研究图书馆管理理论，可以识别和分析管理流程中存在的问题和困境，并提出相应的优化方案和改进措施。这有助于图书馆提高管理效率、资源利用效率和工作效率。研究图书馆管理理论能够推动服务模式创新，以满足用户的新需求。随着信息技术的发展和用户需求的变化，传统的图书馆服务模式已经不再适用。对图书馆管理理论的研究可以促进对服务模式的创新和优化，引入新的技术和方法，提供更加便捷、个性化的服务，从而满足用户的多样化需求。研究图书馆管理理论也能够帮助图书馆提高服务质量，提升用户体验。通过深入理解用户需求和行为模式，以及管理理论对于服务质量的指导作用，图书馆可以采用更加科学的服务质量标准和评估体系，提升服务水平，增强用户满意度。

第一章　图书馆管理体系的演变与发展

第一节　图书馆的定义和发展历程

一、图书馆管理的定义

图书馆管理是一项复杂而重要的任务，它涉及到如何有效地组织、运用资源及达成预期目标的问题。在定义图书馆管理时，不同的研究者给出了不同的看法。

有研究者将图书馆管理视作运用管理学原理和方法的过程。在他们看来，图书馆管理需要合理组织图书馆的活动，充分利用人力和物质资源，以达到最佳效果并实现预期目标。这一观点强调不断审查和改进，体现了管理工作的动态性和持续性。还有人强调最合理地利用图书馆系统资源，以实现图书馆的预期目标和完成任务的重要性。这一观点突出了管理活动的具体实践和资源的有效利用。

原国家教委高教司的《图书馆管理学教学大纲》提出了以图书馆发展规律为依据，建立优化的管理系统，实现图书馆社会职能的控制过程的观点。这一观点从整体性和目标导向性出发，强调了管理系统的建立和优化，以实现图书馆的社会职能。

综合以上几种观点，我们可以得出这样的定义：图书馆管理是在信息时代背景下，全面运用现代管理理论，以指导现代图书馆的活动，提升图书馆管理水平的过程。它涵盖了对图书馆系统的微观管理和宏观管理两个方面，既包括对个体图书馆的管理，也包括对整个社会图书馆事业体系的管理。

图书馆系统是由多个要素构成的，包括人员、文献信息、建筑、设备、经费、技术方法等。这些要素是图书馆管理的具体对象，管理的目的在于根据图书馆的既定目标，合理地组织这些要素，并选择最优的组合方法，使它们成为一个有机整体，相互联系、相互制约、相互促进，最大限度地提高图书馆系统的功能，为用户服务。

图书馆系统作为一个社会分工的产物，是人工构成的社会的一个子系统。它是一个开放系统，不断与外界进行物质、能量和信息的交换。人类的信息知识不断增长，大量人力、物力、财力投入图书馆系统作为输入，而图书馆则通过提供各种文献信息和服务向外界输出。图书馆系统的开放性意味着它与社会相互影响、相互依存，社会也正是通过利用图书馆系统的开放性来获益。

二、图书馆的发展历程

（一）西方图书馆管理的产生与发展

人类进入文明时代后，图书馆作为知识传承和文化积累的重要场所应运而生。在工业革命之前，图书馆管理仍处于萌芽阶段。这些图书馆往往由当时的统治者或知识精英建立，如古埃及、古希腊和古罗马的王室。管理者多为学者或由王室委派的知识人士，他们负责收集、整理和管理图书馆的馆藏。这些早期图书馆的馆藏内容主要涵盖世俗性的书籍，例如历史、文学、政治和法律等，反映了当时社会的主要知识和文化水平。虽然早期图书馆已经开始在整理和编目方面探索，但这些工作仍处于初级阶段。一些图书馆开始尝试制作简单的目录，以帮助读者更方便地查阅藏书。然而，这些目录往往只是基于财产登记簿模式，缺乏统一的著录规则。

到了17世纪中期，世界进入了近代历史。工业革命带来了印刷工艺的变革，机械印刷的图书大量涌向市场，知识被更多的人所掌握，科学技术的研究开始受到重视。在这个时期，仅仅搜集图书已经不能满足时代的要求，对于大量藏书必须进行系统的组织和科学的管理。这对图书馆管理工作提出了更高的要求，图书馆事业也迎来了新的变革。

1. 图书馆事业由封闭走向开放

在工业革命之前，图书馆一直是为社会上层服务，服务对象主要是皇室、贵族和上层知识分子，普通平民无法享受到图书馆的资源。然而，随着工业革命的兴起，人口迅速向新兴的工业城镇集中，工业化带来了产业大军的形成。工厂主需要受过教育的工匠和具有技术的工人，因此对教育资源的需求日益增长。于是，公共图书馆逐渐兴起。

在 1850 年 2 月，英国议会下院通过了公共图书馆法案，允许人口数量超过 1 万的城镇建立公共图书馆。这些图书馆的经费来源于地方税收，并且一旦建成，将对纳税人免费开放。从此，公共图书馆的建设开始蓬勃发展，成为了人们获取知识的重要场所。图书馆也不再只是为统治阶级服务，而是将服务范围扩展到了广大的平民百姓。

这一转变标志着图书馆事业的开放化和民主化。公共图书馆的兴起为普通人提供了获取知识、扩展视野的机会，促进了社会的教育和文化发展。通过公共图书馆，人们不再受制于阶级和财富的限制，而是能够平等地享受到知识和文化的资源，这对整个社会的发展都具有深远的意义。

2. 有计划、有组织的新书采购工作开始出现

在中世纪，图书馆补充馆藏往往缺乏计划性，主要通过接受私人捐赠、王室搜集及战争掠夺等途径获取图书，搜集的重点通常是追求珍本和善本，而在馆藏数量上追求多多益善，缺乏整体的统筹规划。然而，随着 17、18 世纪各门学科的迅速发展，随心所欲式的图书搜集方式已经不能满足时代的需求。

近代图书馆学家莱布尼茨强调，图书馆对于有学术价值的新出书刊应当及时、连续、均衡地进行采购。哥廷根大学图书馆在采购工作上应用了莱布尼茨的理论，馆长亲自负责采购工作，并与国内外书商保持密切联系。他们及时了解教授们的需求，尊重他们的建议，以确保购书的质量。而英国不列颠图书馆的馆长帕尼齐也非常重视藏书建设，他不仅注重藏书数量，还强调藏书质量，尽量收藏好的版本和可信的标准版。此外，他也非常关注藏书结构的系统性和科学性，确保馆藏的组织结构合理且有序。

3. 书目工作进展迅速

图书数量的剧增和馆藏的膨胀对图书整理工作提出了新的挑战和要求。帕尼齐制订了著名的 91 条著录条例，强调必须有科学的著录规则，并且目录必须严格按照这些规则编制。他意识到，如果没有统一的著录规则，就无法对图书进行系统的整理、妥善的保管和充分的利用。这 91 条著录条例成为了许多国家在后来 100 多年里遵循的著录原则，甚至在 1961 年 10 月的国际编目原则会议上仍然被奉为基本精神。

在这一时期，英国的图书馆学家加内特、道格拉斯及德国的施梅累尔、施雷廷格相继为图书馆目录学的发展做出了重大贡献。他们的工作推动了书目工作的标准化和规范化，为图书馆的管理和服务提供了可靠的基础。通过制订科学的著录规则和规范的目录编制方式，图书馆能够更加有效地管理馆藏，提高资源的利用率，为读者提供更好的服务。这些成果也为国际间的图书馆合作和信息交流奠定了重要基础，促进了图书馆事业的全球化发展。

4. 改革图书馆的内部管理，使其方便读者

在过去，由于图书数量有限且制作困难，图书馆对于图书外借设置了严格的限制。读者需要提前告知图书馆自己的需求，并办理借书手续，借书时间也受到限制，同时需要交纳相当数目的押金，这对读者十分不便。

近代图书馆学家莱布尼茨提出了图书馆应该给读者提供方便的理念，他认为图书馆应尽可能延长开馆时间，减少对图书外借的限制。德国格廷根大学图书馆在实践中采纳了这一理念，制订了一系列方便读者的制度：除星期六外，每天开馆时间达 10 小时，学生每次可借阅 10～12 册书。这些改革措施使得图书馆服务更加贴近读者的需求，为他们提供更为便利的借阅服务。开馆时间的延长和借书限制的放宽使得读者可以更灵活地利用图书馆资源，更有效地获取所需知识。这些举措也体现了图书馆作为知识传播和文化普及的重要机构，为社会提供更加便捷的学习和阅读环境。

5. 图书馆馆舍建筑迈向近代化

英国不列颠图书馆在图书馆馆舍建筑方面率先打破了传统，采用铁制骨架结构建筑，将阅览和收藏分开，创造了一种现代化的建筑模式。该图书馆建成的圆顶阅览室高达 35 米，直径长达 42 米，可以容纳近 500 个读者座位，成为当时世界上座位最多的阅览室之一。阅览室的中心设置了服务台，周围是目录柜，读者座位围绕着目录柜布置，使得读者可以更加方便地查找和借阅图书。而阅览室的外围则是书库，这是首次采用铁制书架，并将两排书架背靠背地并排起来的设计。这种双面书架的书库结构直到今天仍被许多图书馆所采用，因为它既节省了空间，提高了图书的存储效率，同时也方便读者浏览和借阅书籍。

这种先进的图书馆馆舍建筑模式为图书馆事业的现代化发展奠定了基础，提升了图书馆的服务能力和效率，为读者提供了更加舒适和便利的阅读环境。这一

创新性的建筑设计也在国际上产生了广泛的影响，成为了许多图书馆建设的范例和借鉴对象。

6. 出现了一批具有丰富实践经验的图书馆管理者

同时，图书馆管理领域出现了一批具有丰富实践经验的管理者，他们对图书馆组织和管理理论的发展做出了重要贡献。

法国的诺德是近代图书馆组织理论的创始人之一，他在 1627 年写成了《关于图书馆建设的意见》，这是近代第一本论述图书馆管理的著作，为后来的图书馆理论研究奠定了基础。

德国图书馆学家莱布尼茨在担任德国诸侯图书馆的职务期间，通过书信、备忘录和对王公们的建议书等形式，提出了许多图书馆管理方面的理论和建议，为图书馆管理实践提供了重要的指导。

在 19 世纪，英美的公共图书馆开始迅速发展。英国的爱德华兹被誉为"英国公共图书馆运动精神之父"，他在 1859 年发表的《图书馆纪要》一文中对图书采购、图书馆建筑、管理和服务等方面进行了深入阐述，为英国公共图书馆事业的组织和管理做出了巨大贡献。

美国的杜威在图书馆管理领域也有突出的成就。他提出了关心时间和成本效益的核心理念，倡导将图书馆工作作为一种专门的职业，推动图书馆用品和设备的标准化和规范化，以及提倡新设备的使用等。杜威的管理思想对图书馆管理实践产生了深远影响，成为了现代图书馆管理理论的重要组成部分。

20 世纪中期以后，新技术革命的迅速兴起对全球的图书馆事业产生了巨大的冲击。传统的图书馆进行了现代化转型，越来越开放，成为充满活力的社会服务机构。在这一过程中，图书馆管理呈现出了几个显著的特点：

图书馆开始积极采用自动化系统、数字化技术和网络服务，以提高图书馆资源的管理效率和服务质量。这使得读者可以更便捷地获取信息和借阅图书，也为图书馆的资源共享和合作提供了更广阔的平台。方便读者，注重服务和人文关怀成为图书馆界的共识。现代图书馆不仅致力于提供丰富的图书资源，还注重为读者提供个性化的服务体验，例如开展主题活动、举办培训课程、提供咨询服务等，以满足不同读者群体的需求。

为了更好地利用资源、提高服务水平，图书馆间开始加强合作，建立起馆际合作机制，实现资源共享、互借互助。这种合作形式不仅包括同城或同地区的图书馆合作，还有跨地区、跨国界的合作，形成了更加广泛的图书馆网络。

图书馆管理越来越注重科学化、规范化、专业化，管理者开始借鉴和运用现代管理学理论和方法，包括项目管理、团队建设、质量管理等，以提升图书馆管理的效率和水平，适应时代的发展需求。

（二）我国图书馆事业的发展与管理

我国古代的图书馆管理可以追溯到先秦时期，孔子晚年整理六经即可视为图书管理的开端。而在西汉政权建立后，政府针对藏书进行了多次大规模的整理活动，形成了诸多成果。尤其是在汉成帝时期，刘向、刘歆父子的校书活动为中国历史上第一部综合性的群书目录《别录》和群书分类目录《七略》的形成做出了重要贡献。此后，整个封建时代出现了数百部不同类型的公私藏书目录，其中以清代的《四库全书总目》最为著名。古代的图书馆分类主要采用按内容特征进行区分的方式，这源自荀子的分类原则，后来又出现了七分法和四分法体系。宋代郑樵在《通志·艺文略》中强调了分类的重要性，并自编了一个十二大类、三级类目的分类目录。在图书的著录方面，中国古代图书馆特别重视书名、作者和内容特征的记录，对不同形态、内容的书籍采用不同的处理方式。此外，古代的图书馆在藏书管理方面也十分注重开放和借阅服务。金代孔天监提倡建立公共藏书楼，明代的曹溶更是主张图书的流通传抄，清代的周永年明确表示儒藏应对四方读书人开放。在借阅制度方面，古代图书馆已形成了相对完善的体系，对借阅者要进行登记，对书籍进行编号、记录，并要求借阅者交付一定的押金。综合来看，我国古代的图书馆管理体系在藏书整理、分类、著录及借阅服务方面都表现出一定的成熟和系统性，为后世图书馆管理体系的建立奠定了坚实基础。

近现代中国的图书馆事业是一群有识之士为了应对民族危亡而逐步建立起来的。这些人可能来自不同的利益团体，但在向西方学习的过程中，他们逐渐达成了一个共识：开启民智是社会改良的首要内容，而兴办教育、建立西式图书馆则是最好的方法。19世纪90年代，中国的有识之士开始四处探寻变法图强之道，在建立新式图书馆方面形成了一系列的原则和思路，其中最重要的是郑观应。郑观应盛赞了西方国家的图书馆，批判了中国传统的藏书楼，并提出了以官办为主并对全社会开放的具体主张。其后，马建忠等人也明确提出了新型图书馆的建设方案。这些思想与呼吁引起了当时思想界、舆论界的强烈共鸣，使得新式图书馆的观念在中国逐渐深入人心。

在辛亥革命前后，各种类型的新型图书馆大量出现，为我国图书馆事业的发展奠定了基础。这些新型图书馆的运作与管理实践开启了当代图书馆管理理论与实践之门。尽管这一时期的图书馆管理基本上还处于摸索、模仿、翻译、介绍、探索的阶段，但也有了较为系统的思考和实践。1909 年，清政府颁布了中国第一部全国性的图书馆法规《京师及各省图书馆通行章程》，使得公共图书馆的建设走向了规范化。民国建立后，各地相继制订了图书馆与图书室的章程和规则，形成了地方性图书馆协会等组织。这些举措标志着中国图书馆界自觉进行图书馆管理的早期实践，对当今的图书馆管理研究仍具有积极意义。

随着新文化运动的开展，中国的图书馆事业迎来了较大的发展空间。1918 年，李大钊在北京大学图书馆主任任上加强了内部管理工作，如目录编制、开架借书等，并重视图书馆教育，积极向社会宣传与普及图书馆知识。1919 年的五四运动更是推动了中国近现代图书馆事业的发展，将图书馆事业推向了一个新的高峰。

在 1919 年至 1949 年的 30 年间，中国涌现出了一批具有卓越成就的图书馆学者，如沈祖荣、杜定友、刘国钧、李小缘等。他们学成归国后，积极投身于图书馆学教育工作，致力于培养新型图书馆人才，或者直接投身于图书馆事业，为其发展奔走呼吁。在这一时期，中国的图书馆事业迅速发展，其中一些重要举措和机构对中国图书馆事业的现代化起到了关键作用。

1920 年 3 月，由美国人韦棣华、沈祖荣、胡庆生等人创办的武昌文华大学图书科成立，成为中国第一个现代图书馆人才培养机构。随后，杜定友在广州创办了图书馆管理员培养所，而金陵大学等单位也陆续开办了有关图书馆人才培养与训练的机构。这些举措为培养和壮大图书馆人才队伍奠定了基础。在图书馆事业的推动和发展中，沈祖荣等人发起了"新图书馆运动"，旨在推动中国现代图书馆学和图书馆事业的发展。1925 年 4 月，中华图书馆协会在上海成立，这一举措极大地促进了中国图书馆事业的发展。各地图书馆协会也纷纷成立，并办刊物推动图书馆学研究的繁荣。此外，中国的图书馆还积极开展国际交流，不断派出留学生。1925 年 4 月，美国图书馆专家鲍士伟来华访问；1926 年 7 月，法国图书馆专家莱爱尼女士受法国政府派遣，来华考察图书馆事业。这些国际交流活动使得当时中国的图书馆事业与国际接轨，为其发展注入了新的活力。

在这一时期，各地公共图书馆不断建立，高校图书馆也日益规范。同时，北洋政府和民国政府陆续颁布了十多个有关图书馆的全国性法规，为图书馆事业的发展提供了制度保障。教会图书馆在这一阶段也发挥了积极作用，大多以教会学校图书馆的形式出现，加速了"中国化"的进程。图书馆管理的研究日益受到关注，杜定友、洪有丰、马宗荣等人相继出版了图书馆管理方面的专著。刘国钧等人编制了多部以"仿杜""改杜"为特色的图书分类法，推动了图书馆管理的规范化和现代化进程。这一时期的努力和成就为中国近现代图书馆事业的发展奠定了坚实基础。

中华人民共和国成立后，我国的图书馆事业经历了质的飞跃。此时期，国家有关部门也颁布了一系列相关的法令法规以规范图书馆管理。1958年，北京大学和武汉大学图书馆学系相继开设了"图书馆工作组织"和"图书馆行政"课程，并编写了《图书馆学引论》等教材，其中也包含了相关内容的论述。然而，整体来看，当时图书馆管理并非图书馆学的重点研究对象，因此图书馆管理的研究水平相对较低。

改革开放后，我国的图书馆事业迎来了蓬勃发展的时期。由于社会对图书馆管理实践水平要求的提高及图书馆所面临的内外环境变化，尤其是数字化转型的挑战，图书馆管理理论的研究受到了重视，并进入了飞速发展阶段。这一时期，图书馆管理理论的研究已经不再局限于经验和感悟，而是开始注重理性与经验相结合，逐渐向理性为主导的研究转变，同时也从封闭式的研究转变为主动寻求现代管理理论，与国际先进水平同步的研究。这种主动追求现代管理理论，跟踪最新研究成果的努力，反映了图书馆管理研究的日益成熟。

在信息时代的变革中，现代图书馆逐步改变对传统的管理理论的依赖，探索新的管理模式。图书馆管理的研究已成为当今图书馆学理论研究的重要热点之一，为图书馆事业的持续发展提供了理论支持和指导。

第二节　图书馆管理的基本理论和模型

一、经典管理理论在图书馆管理中的应用

经典管理理论对于图书馆管理的发展具有重要的指导作用。其中，科学管理理论、行政管理理论和组织行为学理论是其中的重要组成部分。

（一）科学管理理论

科学管理理论是由美国工程师弗雷德里克·泰勒在 20 世纪初提出的。其核心思想是通过科学方法来规范管理活动，提高生产效率。

（1）科学管理理论强调将工作任务分解为简单的、可量化的部分，并将其分配给特定的工作者。在图书馆管理中，这意味着将各项工作任务分配给专业人员，如将图书采编、馆藏管理、读者服务等分配给相应的工作人员。

（2）科学管理理论倡导建立标准化的工作程序和操作方法，以确保工作的一致性和高效性。在图书馆管理中，管理者可以通过建立图书采编、图书借阅、馆藏管理等方面的标准化工作程序，提高工作效率和服务质量。

（3）科学管理理论强调管理层与工作者之间的明确分工和责任划分。在图书馆管理中，管理层应当负责制订具体的工作计划和目标，并为工作者提供必要的资源和支持，而工作者则应按照规定的程序和标准执行工作任务。

（4）科学管理理论主张通过奖励和激励来促进工作效益的提高。在图书馆管理中，可以采取奖励制度、晋升机制、培训计划等方式来激励员工，提高其工作积极性和效率。

科学管理理论的应用可以帮助图书馆管理者更加科学地组织和管理图书馆的工作，提高工作效率和服务质量，实现图书馆管理的科学化、规范化和精细化。

（二）行政管理理论

行政管理理论是以公共行政学为基础，强调行政组织和行政管理的规范化和专业化。

（1）行政管理理论倡导在管理活动中遵循法律法规，实现管理的法治化。在图书馆管理中，行政管理理论要求图书馆管理者遵守相关的法律法规，合法合规地开展管理工作，保障图书馆的正常运行和读者权益。

（2）行政管理理论强调合理的组织结构和明确的职能划分，以提高行政效率和服务质量。在图书馆管理中，应建立科学合理的组织结构和职能划分，明确各部门和岗位的职责和权限，实现各项工作的协调与配合。

（2）行政管理理论倡导通过绩效评价来衡量管理绩效，并对成绩突出者进行激励。在图书馆管理中，可以建立科学的绩效评价体系，对图书馆工作人员的绩效进行定期评估和考核，并根据评价结果采取相应的激励或改进措施。

（3）行政管理理论强调公共服务导向，即将服务对象的需求置于管理活动的中心地位，确保公共服务的有效提供。在图书馆管理中，应充分考虑读者的需求和利益，制订服务政策和方案，提供优质、便捷的图书馆服务。

行政管理理论的应用有助于图书馆管理者建立规范、高效的管理体系，提升服务质量和管理水平，实现图书馆管理的现代化和专业化。

（三）组织行为学理论

组织行为学理论关注人在组织中的行为和相互作用，强调了解和管理组织内部的人力资源，以提高组织效率。

（1）组织行为学理论强调领导者的作用和沟通的重要性。在图书馆管理中，领导者需要具备良好的领导能力，能够激励和引导员工，推动工作的顺利进行。同时，建立良好的沟通机制，促进信息的流通和共享，有利于提高团队合作效率。

（2）组织行为学理论关注员工的动机和满意度对工作绩效的影响。在图书馆管理中，管理者需要了解员工的需求和动机，采取相应的激励措施，提高员工的工作积极性和满意度，从而提高服务质量。

（3）组织行为学理论强调团队建设和协作的重要性。在图书馆管理中，建立和谐、高效的团队是实现图书馆目标的关键。管理者需要通过团队培训、团队建设活动等方式，提升团队的凝聚力和执行力，实现协同作战、共同发展。

（4）组织行为学理论倡导员工的持续发展和学习。在图书馆管理中，管理者应重视员工的培训和发展，为员工提供学习和成长的机会，提升其专业素养和工作能力，以适应图书馆管理的不断变化和发展。

二、现代管理理论在图书馆管理中的应用

现代管理理论是在经典管理理论基础上发展起来的，包括系统管理理论、总质量管理理论和变革管理理论等。这些理论在图书馆管理中的应用，对于提升管理效能和适应快速变化的环境具有重要意义。

（一）系统管理理论

系统管理理论强调将组织视为一个相互关联的系统，注重系统内部各部分之间的相互作用和整体优化。

图书馆可以将整个组织视为一个系统，明确各个部门和功能之间的相互联系和作用。通过系统化的思维方式，图书馆管理者可以更好地理解和管理图书馆内部的各项工作，从而实现资源的合理配置和协调运作。系统管理理论强调系统的开放性和动态性。在图书馆管理中，管理者需要不断关注外部环境的变化和用户需求的变化，及时调整和优化图书馆的服务模式和管理策略，以保持系统的适应性和竞争力。

系统管理理论还倡导系统的学习和适应能力。在图书馆管理中，管理者可以通过建立学习型组织，鼓励员工持续学习和创新，以适应图书馆管理工作的不断变化和发展。

（二）总质量管理理论

总质量管理理论是一种全面贯彻质量管理原则的管理思想和方法，强调通过全员参与和持续改进来提升组织的整体水平。

图书馆可以将用户体验和满意度作为衡量服务质量的核心指标，全面关注用户需求，不断改进服务质量。通过建立用户反馈机制和质量评价体系，图书馆管理者可以了解用户的意见和建议，及时调整和改进服务内容和方式。

总质量管理理论倡导全员参与质量管理，强调团队合作和员工素质的提升。在图书馆管理中，管理者可以通过培训和激励机制，激发员工的工作积极性和创造力，实现服务质量的持续改进和提升。总质量管理理论注重过程管理和数据分析，强调通过科学的方法和工具来识别和解决问题。在图书馆管理中，管理者可以采用流程改进和数据分析技术，优化图书馆的运行流程和服务流程，提高工作

效率和服务质量。

（三）变革管理理论

变革管理理论强调在组织内部实施变革时，需要系统地规划、管理和控制变革过程，以确保变革的成功实施和目标的实现。

首先，变革管理理论强调对变革的清晰规划和目标设定。在图书馆管理中，管理者需要明确变革的目的和意义，制订清晰的变革方案和实施计划，确保变革过程的顺利进行和目标的实现。其次，变革管理理论倡导积极的变革领导和沟通。在图书馆管理中，管理者需要担当起变革的领导者角色，激发员工的变革动力和信心，积极开展变革沟通和宣传工作，减少变革带来的阻力和不确定性。另外，变革管理理论强调变革过程的监控和控制。在图书馆管理中，管理者需要建立有效的变革监控机制，及时发现和解决变革中的问题和风险，确保变革的顺利实施和成效。

三、图书馆管理中的决策模型

图书馆管理中的决策模型是指利用数学或逻辑方法来解决管理问题、做出决策的模型。其中包括线性规划模型、决策树模型和多属性决策模型等。

（一）线性规划模型

线性规划模型是一种数学优化方法，用于在有限资源的条件下寻找最优解决方案。在图书馆管理中，线性规划模型可以被应用于多个方面以提高效率和资源利用率。首先，图书馆可以利用线性规划模型来优化馆藏资源的配置。通过分析不同书籍的需求量、流行度及预算限制等，图书馆管理者可以使用线性规划模型来确定最佳的图书采购方案，确保馆藏资源能够最大程度地满足读者的需求。其次，线性规划模型也可以被用于优化人力资源的调度。通过考虑不同时间段的读者流量、服务需求及工作人员的专业背景和能力等，图书馆管理者可以使用线性规划模型来制订最佳的人员排班计划，以提高服务效率和读者满意度。此外，线性规划模型还可以应用于空间利用的优化。通过分析图书馆内部各个区域的使用情况、流通量及座位利用率等信息，图书馆管理者可以利用线性规划模型来重新规划图书摆放和座位布局，最大化利用空间资源，提升图书馆的容纳能力和用户体验。

（二）决策树模型

决策树模型通过树状结构表示决策过程，帮助决策者理清决策逻辑。在图书馆管理中，决策树模型具有广泛的应用场景，能够帮助管理者更加科学地作出决策。

图书馆内的图书种类繁多，读者在查找所需图书时可能感到困惑。通过构建决策树模型，管理者可以根据图书的分类、主题、作者等特征，设计出一个简单易懂的查询系统，帮助读者快速找到目标图书。决策树模型可以用于制订馆藏发展策略。图书馆需要不断更新和完善馆藏，以满足读者的需求。通过分析图书的流行度、学科覆盖范围、可借阅性等因素，管理者可以利用决策树模型制订优先采购和更新的馆藏发展计划，确保馆藏资源的丰富性和多样性。决策树模型还可以用于服务质量评估和改进。图书馆需要不断提升服务质量，以提高读者满意度。通过收集读者反馈和投诉信息，管理者可以构建决策树模型，分析各种因素对服务质量的影响，并制订相应的改进措施和优先级，从而不断提升图书馆的服务水平。

（三）多属性决策模型

多属性决策模型是一种综合考虑多个因素和目标的决策方法，在图书馆管理中具有重要的应用意义。这一模型通过考虑多个属性或指标，综合评价不同方案或决策选项，从而选择最优的决策方案。

在馆藏选择决策方面，图书馆管理者需要考虑多个因素，如图书的学科覆盖范围、质量、需求量及预算限制等。多属性决策模型有助于量化各个属性的重要性和优先级，最终选择出最适合图书馆发展方向的馆藏图书。

资源分配决策也可以借助多属性决策模型来进行。图书馆需要合理分配资源，如预算、人力、空间等，以支持各项工作的开展。通过综合考虑不同资源的重要性、可利用性及效率等因素，利用多属性决策模型，管理者可以制订出最优的资源分配方案，确保资源得到最大化的利用。

服务优化决策也可以采用多属性决策模型。图书馆需要不断优化服务流程和服务质量，以提高读者满意度。通过考虑服务速度、准确性、友好性等多个属性，并综合评价各项属性的重要性和优先级，管理者可以制订出最适合图书馆实际情况的服务优化策略，提升图书馆的整体服务水平。

四、创新管理理论和模型

（一）开放创新理论

开放创新理论是由哈佛商学院教授亨利·伽斯柏（Henry Chesbrough）提出的，强调了企业应该积极与外部环境进行合作、共享知识和资源，以促进创新的理论。在图书馆管理中，开放创新理论提供了新的思路和方法，有助于图书馆更好地应对日益复杂的信息环境和变化的用户需求。

通过与其他图书馆、高校、科研机构、科技企业等建立合作关系，共享资源、知识和技术，图书馆可以获得更多的创新机会和支持，加速创新过程，推动图书馆服务和管理的不断改进。图书馆作为信息资源的管理者和提供者，可以通过开放共享自己的馆藏、数据库和研究成果，吸引更多的用户和合作伙伴参与到创新活动中来，促进知识的共享和创新的加速。图书馆可以借助现代信息技术，建立开放式的创新平台，包括数字资源共享平台、创客空间、数字图书馆等，为用户和合作伙伴提供创新的空间和工具，推动创新的发生和创新成果的运用。

（二）设计思维模型

设计思维模型是一种以人为本、注重创新和解决问题的思维方式，强调通过观察、理解和发现用户需求，设计出符合用户期望的解决方案。在图书馆管理中，设计思维模型提供了一种全新的管理理念和方法，有助于图书馆更好地满足用户需求，提升服务质量，推动管理创新。

图书馆作为信息服务机构，其核心是服务用户，因此应该深入了解用户的需求、偏好和行为，通过观察、访谈、用户体验等方法，发现用户的真实需求，并根据需求设计出更加贴近用户期望的服务和产品。图书馆管理涉及图书采购、馆藏管理、服务创新等多个方面，需要不同专业背景和技能的团队协同合作，共同解决问题，推动创新。设计思维模型强调团队的多样性和协作性，倡导通过跨学科合作来融合不同的思维方式和视角，为图书馆管理带来更多的想法。

设计思维模型强调快速原型和迭代优化。在图书馆管理中，管理者可以通过快速原型方法来设计和测试新的服务和产品，收集用户反馈，不断优化和改进。这种迭代式的设计方法有助于图书馆更快地响应用户需求，降低创新风险，提高成功率。

（三）敏捷管理模型

敏捷管理模型是一种注重灵活性、快速响应和持续改进的管理方法，主要用于应对不断变化的需求和环境。在图书馆管理中，敏捷管理模型提供了一种适应性强、效率高的管理方法，有助于图书馆更好地应对快速变化的信息环境和用户需求。

在图书馆服务和产品开发过程中，管理者可以采用敏捷管理模型，将服务和产品分解成小的可交付成果，通过短周期的迭代开发和交付，不断获取用户反馈，及时调整和优化，确保服务和产品能够及时地满足用户需求。

敏捷管理模型注重团队的自组织和自管理。在图书馆管理中，可以建立自组织的跨功能团队，团队成员具有丰富的技能和知识，在管理者的指导下自主决策和执行任务，以更快速地响应变化和解决问题。敏捷管理模型还强调持续改进和学习。在图书馆管理中，管理团队可以定期进行回顾会议和评估，总结经验教训，发现问题和改进空间，不断优化管理流程和服务模式，提高工作效率和服务质量。

第三节　图书馆管理体系的演变和趋势

一、传统图书馆管理体系的特点与局限

传统图书馆管理体系在长期发展中形成了一系列特点，同时也暴露出一定的局限性。这些特点和局限性影响着传统图书馆的运作方式和服务效果，因此，对其进行深入分析和探讨具有重要的意义。

（一）阶层化的管理结构

在传统图书馆中，管理结构通常呈现出严格的层级制度，其规模庞大、服务范围广泛，因此需要明确的组织架构和管理体系来确保各项工作有序进行。这种管理结构通常由图书馆馆长、副馆长、部门主任等职位构成，各级管理者负责不同的职能部门和工作内容。这种层级化的管理结构在一定程度上有利于工作的分工与协作，但也可能导致信息传递不畅、决策效率低下等问题，影响了图书馆管理的灵活性和创新性。

（二）主要以纸质文献为主的服务模式

长期以来，传统图书馆的服务主要集中在收集、整理和借阅纸质图书等文献资料上，这是纸质文献的传统地位和信息技术的限制所致。图书馆的服务主要通过纸质书籍、期刊等载体提供，读者需要到图书馆实体空间进行借阅和阅读。这种服务模式存在着服务范围受限、服务效率低下等问题，难以满足用户多样化的信息需求。

（三）服务范围相对有限

传统图书馆以收藏、整理和提供书籍、期刊等文献资源为主要任务，服务对象主要是学生、教师和研究人员等学术群体。因此，传统图书馆的服务范围局限于学术研究领域，而对于社会大众的信息需求和文化需求满足程度较低。此外，传统图书馆服务主要集中在实体空间，对于远程用户和特殊群体的服务能力相对较弱。

随着信息技术的发展和社会需求的变化，传统图书馆正面临着转型和更新的挑战，需要不断探索和创新，以适应新时代的要求。

二、现代图书馆管理体系的演变

（一）信息化管理的兴起

现代图书馆管理体系的演变中，信息化管理的兴起是一个重要的方面。随着信息技术的快速发展和广泛应用，图书馆管理也逐渐向数字化、网络化方向发展，信息化管理成为了现代图书馆管理的重要特点之一。

信息化管理的兴起带来了图书馆管理方式的革新和提升，具体体现在以下几个方面：

1. 数字化馆藏管理

传统图书馆以纸质文献为主，管理和维护大量纸质藏书是一项庞杂而繁琐的工作。而信息化管理的兴起使得图书馆可以将馆藏资源进行数字化管理，包括数字化图书馆建设、电子资源订购和管理等。数字化馆藏管理使得馆藏资源更加便捷地被读者利用，同时也提高了馆藏资源的保存和管理效率。

2. 网络化服务模式

信息化管理使得图书馆服务不再局限于实体空间，而是向网络化方向发展。

现代图书馆通过建设图书馆网站、移动应用程序等在线平台，为读者提供了在线查询、预约借阅、数字资源浏览下载等服务，使得读者可以随时随地获取所需信息和服务，极大提高了服务的便利性和覆盖面。

3. 智能化管理工具

信息化管理带来了各种智能化管理工具的应用，包括图书馆管理信息系统（ILS）、数字资源管理系统（DMS）、读者服务系统等。这些系统可以帮助图书馆管理者实现对馆藏资源的全面管理和监控，更好地分析读者需求和借阅行为，为图书馆的决策提供科学依据。

4. 数据驱动的决策

信息化管理使得图书馆可以收集、存储和分析大量的数据信息，包括读者借阅数据、馆藏资源使用数据等。通过对这些数据的分析和挖掘，图书馆管理者可以更加准确地了解用户需求和行为特征，从而制订更加精准和有效的管理策略和服务方案。

（二）用户导向的服务模式

用户导向的服务模式是现代图书馆管理体系演变的重要方面之一。这种模式强调将用户的需求和体验置于服务的核心地位，以满足用户的需求、提高用户满意度为目标，从而推动图书馆管理的创新和水平的提升。

1. 服务内容的优化和多样化

现代图书馆不再局限于传统的纸质图书借阅服务，而是根据用户的多样化需求，提供更丰富的服务内容，包括数字资源获取、学术文献检索、科研咨询、学术培训等。通过不断拓展服务内容，图书馆可以更好地满足用户的多样化需求，提升服务的实用性和吸引力。

2. 服务方式的个性化和定制化

现代图书馆通过采用智能化系统、数据分析技术等手段，了解用户的偏好和需求，为用户提供个性化的服务。例如，图书馆可以通过个性化推荐系统，根据用户的借阅历史和兴趣爱好推荐相关图书或资源；还可以通过预约借阅、快速取书等服务方式，提供更加便捷、个性化的服务，提高用户满意度和忠诚度。

3. 服务环境和氛围的改善

现代图书馆致力于打造舒适、开放、友好的服务环境，为用户提供愉悦的学习和阅读体验。通过布置舒适的阅读区域、提供免费的 Wi-Fi 网络、举办文化活动和讲座等方式，图书馆可以营造积极向上的学习氛围，吸引更多的用户前来阅读和学习。

（三）资源共享和合作发展

资源共享和合作发展是现代图书馆管理体系中的重要特点，它反映了图书馆在面对信息化时代的挑战时，采取的一种开放、合作的管理策略，旨在最大化地利用各种资源，提升服务水平和效率。

传统图书馆往往面临着馆藏资源有限、无法满足用户多样化需求的困境。而通过资源共享，图书馆可以与其他图书馆、机构或组织进行合作，共享馆藏资源、数字化资源、人才和设施等，充分发挥各方资源的优势，提高整体资源利用效率。例如，图书馆可以通过建立联合采购机制、签署文献互借协议等，获得他馆的共享馆藏资源，让用户获得更丰富的阅读资源。

现代图书馆通过与其他机构、企业、社会组织等开展合作，共同推进图书馆事业的发展和创新。合作伙伴可以包括数字出版商、学术机构、科研院所、文化组织等。例如，图书馆可以与数字出版商合作，获取最新的数字资源；与学术机构合作，举办学术研讨会和培训活动；与文化组织合作，举办文化展览和艺术活动。这种合作模式有助于图书馆获取更多的资源和支持，拓展服务领域，提升服务品质。

随着全球化的发展，图书馆之间的国际合作和交流日益频繁。图书馆可以通过加入国际图书馆组织、参与国际性合作项目、举办国际会议和交流活动等方式，加强与国际同行的交流与合作，分享经验、共同解决问题，推动图书馆事业的全球化发展。

三、图书馆管理的趋势和发展方向

（一）数字化转型与智能化服务

随着信息技术的不断发展和应用，图书馆正处于数字化转型的前沿，通过引入智能化技术和服务，以适应现代社会的需求和发展趋势。

数字化转型是图书馆管理的必然趋势。传统图书馆主要以纸质文献为主，管理和提供纸质藏书是主要任务。而随着数字化技术的普及和应用，图书馆正在加速推进数字化转型，将纸质文献转化为数字化资源，建设数字图书馆、数字化档案馆等。通过数字化转型，图书馆可以实现馆藏资源的无缝共享、便捷访问，提升服务效率和扩大资源覆盖面，满足用户的多样化需求。

智能化服务是数字化转型的重要组成部分。随着人工智能、大数据、云计算等技术的不断成熟和应用，智能化服务已经成为图书馆管理的新趋势。图书馆可以通过智能化系统和工具，实现对用户需求的智能识别和个性化推荐，提供智能化的馆藏资源管理和借阅服务，实现智能化的读者咨询和服务响应。例如，智能化图书馆系统可以根据用户的检索历史和兴趣爱好，推荐相关图书或文章；智能化借还书系统可以实现自助借还书，提高借阅效率。

智能化技术还可以应用于图书馆的管理和运营中。例如，图书馆可以利用大数据分析技术，对馆藏资源的使用情况和读者行为进行分析，为图书采购、馆藏管理、服务规划等提供科学依据；利用云计算技术，图书馆可以实现系统的灵活部署和资源共享，降低系统运维成本，提高系统稳定性和安全性。

（二）社区参与和共建共享

社区参与和共建共享是图书馆管理的另一个重要趋势和发展方向。在这一趋势下，图书馆不再是单向的信息提供者，而是与社区居民共同参与、共同建设、共同分享知识和文化资源的平台。

图书馆作为社区的文化中心和知识集散地，应当充分发挥其作用，提高社区居民参与图书馆事务的积极性。例如，图书馆可以组织社区居民参与馆藏资源的选购和整理，开展主题展览和文化活动，搭建居民交流平台，使图书馆成为社区居民共同学习、交流和分享的场所。

通过与社区居民和相关机构的合作，图书馆可以共同完善和分享的资源和服务。例如，图书馆可以与社区学校、社会组织等建立合作关系，共同开展文化活动和知识培训；可以与数字出版商、学术机构合作，共享数字资源和在线数据库；还可以与居民委员会、社区文化中心合作，共同建设社区图书馆分馆或阅读角，覆盖更广泛的社区居民，满足他们的阅读和学习需求。

图书馆可以定期组织社区座谈会、听证会等活动，征集居民的意见和建议，制订符合社区实际需求的服务计划和活动；还可以通过社交媒体、宣传栏等渠道，向社区居民宣传图书馆的服务内容和活动信息，提高居民对图书馆的认知度和参与度。

四、跨界合作与跨学科研究

（一）图书馆与信息科学的融合

随着信息时代的来临，图书馆管理正逐渐与信息科学相互渗透，形成了新的合作模式和研究方向。

信息科学的发展为图书馆提供了丰富的技术手段和工具，例如信息检索技术、数据挖掘技术、人工智能等。这些技术可以被应用于图书馆的数字化馆藏管理、数字资源服务、用户信息管理等方面，提高管理效率和服务质量。

信息科学的发展为图书馆提供了丰富的数据资源和分析方法，使得图书馆可以更加深入地了解用户需求和行为特征，实现个性化服务和精准推荐。同时，通过信息科学技术，图书馆可以开发智能化的图书馆管理系统，实现自动化借还书，提供智能导航、虚拟助理等智能化服务，提升用户体验和满意度。

图书馆与信息科学的融合也推动了跨学科研究的发展。信息科学的跨学科性质使得图书馆可以与信息科学、计算机科学、人文社科等多个学科领域进行合作与交流，共同探讨图书馆管理中的问题和挑战，推动图书馆管理理论和实践的创新。例如，图书馆与信息科学的合作可以探讨数字图书馆的建设与管理、信息检索与知识发现、数字资源的数字化与存储、图书馆智能化服务的开发等领域的研究与应用。

（二）图书馆与社会学、心理学等领域的交叉研究

图书馆与社会学、心理学等领域的交叉研究旨在探索图书馆在社会和心理层面的作用和影响，从而更好地理解和优化图书馆的服务和管理。

社会学的视角有助于探究图书馆对社区凝聚力、社会参与度和文化交流的促进作用。例如，研究图书馆如何成为社区的中心场所，促进居民之间的互动和交流；探讨图书馆如何组织社区活动和文化展览，增强社区的文化认同和凝聚力。

心理学的研究可以帮助图书馆更好地理解用户的信息需求、阅读行为和心理状态，从而提供更加个性化和贴心的服务。例如，研究图书馆环境对读者学习和阅读行为的影响；探讨图书馆如何设计阅读空间和改进服务方式，提升读者的阅读体验和心理健康感受。

另外，图书馆还可以与其他相关学科如教育学、文化学等领域进行交叉研

究。通过与教育学的合作，研究者可以考察图书馆在教育和学习过程中的角色和作用，探讨图书馆如何促进学生的学习兴趣和自主学习能力的培养。通过与文化学的合作，研究者可以考察图书馆在文化传承和文化交流中的作用，探讨图书馆如何传承和弘扬本土文化，促进跨文化交流和理解。

（三）国际合作与全球视野

图书馆领域的国际合作与全球视野是促进图书馆事业发展和提升服务水平的重要途径之一。通过与国际合作伙伴的交流与合作，图书馆可以借鉴他国经验，拓展服务领域，提升管理水平，推动图书馆事业在全球范围内的发展。

在信息化时代，图书馆管理需要借助先进的技术手段和管理理念来提升服务质量和效率。通过国际合作，图书馆可以与国外先进的图书馆机构、科研机构、技术公司等合作，引进先进的图书馆管理系统、数字化技术和服务模式，推动图书馆数字化转型和智能化服务的发展。

图书馆可以通过加入国际性图书馆组织参与国际合作项目、开展国际交流与合作等方式，拓展国际资源和合作网络，获取更丰富的图书馆资源和服务。例如，通过与国外图书馆合作，图书馆可以获取国外文献资源和数字化资源，丰富馆藏资源，提升服务水平；通过参与国际合作项目，图书馆可以与国际合作伙伴共同开展图书馆数字化建设、信息资源共享、人才培养等合作项目，促进图书馆事业的全球化发展。

通过国际合作，图书馆可以与国际同行共同探讨图书馆事业发展的趋势和挑战，交流经验，推动图书馆事业的全球化发展。同时，图书馆还可以通过国际合作项目、国际会议、国际学术期刊等途径，提升图书馆事业的国际影响力和知名度，促进国际间的学术交流与合作，为图书馆事业的持续发展贡献力量。

第二章　现代图书馆管理体系的架构

第一节　组织结构与管理层级

一、组织结构概述

（一）组织结构的定义和作用

组织结构是对一个组织内部各部门、岗位之间的关系和排列方式的总称。它是组织的骨架，通过规定各级部门的职责、权利和义务，以及各个部门之间的联系和协调关系，来确立组织的稳定性和运行效率。在现代图书馆管理体系中，组织结构扮演着至关重要的角色，它不仅是管理者对组织运作的整体规划和设计，也是员工了解自身在组织中的定位和职责的基础。

组织结构的定义包括了对组织内部各个部门、岗位的划分和安排，以及这些部门和岗位之间的上下级关系、职责分工和协作机制的规定。它通过将组织划分为不同的部门和岗位，实现了任务的分解和分配，使得各个部门和岗位能够有序地协同合作，共同实现组织的目标。同时，组织结构也反映了组织内部的权力结构和管理层级，明确了各级管理者的职责和权限，从而实现了管理的科学化和规范化。

组织结构在现代图书馆管理体系中具有重要的作用。首先，它为图书馆的日常运作提供了清晰的指导和框架，使得各个部门和岗位能够有序地开展工作，避免了工作任务的重复和冲突。其次，合理设计的组织结构可以实现资源的最大化利用和配置，提高图书馆的运行效率和服务质量。此外，组织结构还为图书馆内部的沟通和协作提供了便利，促进了信息的共享和交流，增强了团队的凝聚力和战斗力。

（二）组织结构设计的基本原则

组织结构设计的基本原则是为了确保组织能够有效地实现其使命和目标，提高工作效率，增强内部协作和沟通。

1. 适应性原则

组织结构应该能够适应外部环境的变化和内部需求的变化。这意味着组织结构应该具有一定的灵活性和适应性，能够及时调整以应对不断变化的环境。

2. 简洁性原则

组织结构应该尽可能简洁明了，避免过度复杂和繁琐的层级和部门设置。简洁的组织结构可以提高决策效率和执行效率，减少资源的浪费。

3. 分工原则

组织结构应该根据组织的使命和目标，将工作任务合理地分解和分配给各个部门和岗位，实现任务的有效分工和协作。分工原则可以提高工作效率和专业化水平。

4. 协调性原则

组织结构应该能够有效地协调各个部门和岗位之间的工作，避免出现工作任务的重复和冲突。协调性原则可以提高内部协作和沟通效率，提升团队的合作能力和凝聚力。

5. 权责明确原则

组织结构应该明确各级管理者和员工的权责和职责，避免权责不清导致的决策滞后和执行不力。权责明确原则可以提高管理的科学化和规范化水平。

6. 灵活性原则

组织结构应该具有一定的灵活性，能够根据外部环境的变化和内部需求的变化及时调整。灵活性原则可以提高组织的应变能力和适应能力。

7. 客户导向原则

组织结构应该以满足客户需求为中心，确保组织能够为客户提供高质量的服务和产品。客户导向原则可以提高组织的竞争力和客户满意度。

（三）图书馆组织结构的发展演变

1. 传统的层级式组织结构

在图书馆管理领域，组织结构的发展演变经历了不同阶段，其中传统的层级式组织结构是最早的结构之一。

传统的层级式组织结构通常是建立在严格的等级制度之上，以权力和责任的层级分明为特征。在这种结构中，图书馆通常被分成几个不同的部门，如采编部、编目部、阅览部等，每个部门都有明确的主管和下属员工。这种组织结构通常呈现为金字塔形式，顶端是最高层的管理者，底部是基层的员工。

在传统的层级式组织结构中，决策通常是由顶层管理者来做出，然后逐级向下传达和执行。这种结构的优点是责任分明、管理清晰，适用于较为稳定和静态的环境。然而，它也存在着一些缺点，比如信息传递速度慢、决策效率低下、创新和灵活性不足等。

在传统的层级式组织结构下，沟通通常是自上而下的单向传递，缺乏基层员工对于决策的参与和反馈机制。这可能导致管理者无法及时了解到基层的实际情况和问题，从而影响到组织的整体运作效率和灵活性。

尽管传统的层级式组织结构在一定程度上能够保证组织的稳定性和管理的有序性，但随着时代的发展和社会的变迁，图书馆管理也面临着新的挑战和需求。因此，传统的层级式组织结构逐渐被更加灵活和开放的组织结构所取代，以适应现代图书馆管理的需要。

2. 现代扁平化组织结构

现代扁平化组织结构是对传统层级式组织结构的一种重要改进和发展。它的出现是为了应对现代社会复杂性和变化速度加快的挑战，以及更好地适应知识经济和信息时代的发展需求。

在现代扁平化组织结构中，相对于传统的金字塔形层级，管理层次更加简化，决策更加迅速，沟通更加直接。

扁平化组织结构大大减少了管理层级，取消了过多的中间管理层，使得决策更加快速、灵活，信息流动更加畅通。扁平化组织结构鼓励团队合作和跨部门协作，弱化了部门之间的界线，促进了信息共享和知识传递。相比于传统层级式组织结构中权力高度集中于顶层管理者的情况，扁平化结构下更多的权力和责任被下放到基层，员工更加积极参与决策和问题解决。扁平化组织结构注重员工的自主性和创造力，鼓励创新和实验，以应对不断变化的市场和技术环境。扁平化组织结构更加关注客户需求和服务质量，通过快速的反应和定制化的服务来满足客户的需求。

在现代图书馆管理中，扁平化组织结构的应用可以使得图书馆更加灵活和具有适应性，更好地满足读者的需求，提高服务质量和效率。同时，它也为员工提供了更多的发展和参与机会，激发了员工的工作激情和创造力。

二、现代图书馆常见的组织结构形式

（一）职能式组织结构

现代图书馆常见的组织结构形式之一是职能式组织结构。职能式组织结构是按照不同的职能或任务来划分组织的各个部门和岗位，每个部门或岗位负责特定的职能或任务，形成相对独立的职能单元。

在职能式组织结构中，图书馆的各个部门通常按照其功能和职责划分，常见的部门包括采编部、编目部、阅览部、服务部等。每个部门都由专门的团队负责执行特定的任务，如采编部负责图书和资料的采购，编目部负责图书的分类和编目工作，阅览部负责图书馆的阅读服务等。职能式组织结构的各个部门之间通常存在着明确的职能划分和协作关系。部门之间通过协调和合作来实现组织的整体目标，比如采编部和编目部之间需要密切配合，确保图书馆收藏的图书和资料能够及时编目上架，以便读者利用。职能式组织结构的优点在于明确的职能划分和专业化的执行。这种组织结构有利于各个部门的高效协作和工作任务的顺利完成。同时，这种结构也便于管理者对各个部门的监督和管理，能够及时发现和解决问题。

职能式组织结构也存在一些缺点，比如部门之间可能存在信息壁垒和沟通不畅的问题，跨部门协作可能不够灵活和高效。因此，在实际应用中，一些图书馆可能会采取结合职能和项目的混合式组织结构，以更好地满足复杂多变的管理需求。

（二）矩阵式组织结构

矩阵式组织结构在现代图书馆管理中作为一种灵活而复杂的管理模式，为应对多样化的任务和项目需求而设计。在这种结构中，图书馆的工作不再受限于传统的部门划分，而是以项目或任务为导向，员工可能同时隶属于不同的团队或项目组。这种组织结构允许不同领域的专家在同一项目中协作，充分利用他们的专业知识和技能，提高项目的执行效率和质量。矩阵式组织结构的优势之一是其灵活性，员工可以根据项目需求灵活调整工作重点和资源配置，使得图书馆更加适应快速变化的环境。此外，跨部门的协作和沟通也得到了加强，促进了知识共享和团队合作，为图书馆的综合发展提供了有力支持。而且，项目导向的工作方式使得员工更加关注解决问题和实现目标，从而提高了工作的效率。

矩阵式组织结构也面临一些挑战。权责不清可能会导致混乱和冲突，特别是在多个项目经理同时指导下工作的员工。此外，跨部门协作需要频繁地沟通和协调，增加了沟通成本和决策的难度，可能导致项目执行的延误。

（三）网络式组织结构

网络式组织结构是一种相对较新的组织形式，特别适用于面对高度动态和复杂的环境的组织，如现代图书馆。在网络式组织结构中，权力和决策权不再局限于传统的层级关系，而是分散到各个节点和参与者手中，形成一个由多个相互连接的节点组成的网络。

在图书馆管理中，网络式组织结构可以表现为各种形式的合作关系和联盟，例如与其他图书馆、学术机构、社区组织及数字平台的合作。这种结构下，各个节点之间可以通过信息和资源的共享、互惠性合作及灵活的联合项目来实现协同工作，从而更好地服务于用户群体。

网络式组织结构的权力不再集中在某个中心或管理者手中，而是分散到网络的各个节点和参与者中。各个节点在网络中具有一定的自主性，能够根据需要自行组织和协调工作。网络式组织结构具有较强的适应性和灵活性，能够快速调整和适应外部环境的变化。各个节点之间是平等的合作关系，强调共赢和互利，而非传统的上下级关系。网络式组织结构依赖于信息和通信技术的支持，通过数字平台实现节点之间的连接和信息交换。

相对地，网络式组织结构节点之间的协调和沟通可能受到限制，需要建立有效的沟通和协作机制。此外，节点之间的自治性可能导致一些决策的不协调，需要建立良好的合作文化和氛围。

（四）流程式组织结构

流程式组织结构是一种以流程为中心的管理模式，着重于组织内各项任务和活动的流程化设计和管理。在流程式组织结构中，组织的各项活动被视为一系列相互关联的流程，每个流程包含了一系列的步骤和活动，以实现特定的目标。

在现代图书馆管理中，流程式组织结构的重点放在了工作流程的设计和优化上，而非传统的部门或岗位。图书馆的各项活动被视为一系列相互连接的流程，包括采购流程、编目流程、借阅流程等。每个流程可能涉及到多个部门和岗位的协作和配合，强调各个部门之间的协作和沟通，以确保流程的顺利执行。

流程式组织结构的优势在于能够使得图书馆的各项工作更加规范化和可控，通过流程的设计和优化，提高了工作效率和服务质量。同时，跨部门的协作和信息技术的支持也为图书馆的发展和创新提供了更多可能性。

然而也需要注意的是，过度的流程化可能会导致创新的受限，需要保持灵活性和创新性，避免陷入流程的条条框框中。因此，在实践中，图书馆需要根据自身的特点和需求，合理设计和管理流程，以实现最佳的组织效果。

三、图书馆管理层级设置

（一）管理层级的概念和作用

管理层级是指图书馆内部管理结构中不同层次的管理层次或管理级别。在图书馆管理中，管理层级是指从高层管理者到基层员工的分层结构，通常包括高级管理层、中级管理层和基层管理层。每个层级都有其特定的职责和作用。

高级管理层通常包括图书馆的馆长、副馆长等高级管理者，他们负责制订图书馆的战略规划、政策和决策重大事项，指导整个图书馆的运营和发展方向。高级管理层的作用在于为图书馆提供领导和决策支持，确保图书馆的长远发展和目标的实现。

中级管理层通常包括各个部门的主管或部门经理，他们负责具体部门的日常管理和运作，包括人员安排、任务分配、资源管理等。中级管理层的作用在于协调和管理各个部门之间的关系，确保各项工作按照规定的目标和要求顺利进行。

基层管理层是指直接负责执行具体工作任务的管理人员，例如各个部门的主管、项目经理等。他们负责监督和指导员工的日常工作，确保工作任务按照流程和要求顺利完成。基层管理层的作用在于促进工作任务的落实和执行，为图书馆的日常运作提供支持和保障。

（二）图书馆管理层级的设置原则

图书馆管理层级的设置原则是为了确保图书馆内部管理体系的合理性、高效性和透明性，从而促进图书馆的健康发展。

1. 适应性原则

管理层级的设置应当适应图书馆的规模、性质和发展阶段。不同规模和类型的图书馆可能需要不同层次的管理层级来满足其特定的管理需求。

2. 层级简洁原则

管理层级的设置应当尽可能简洁，避免层级过多和冗余，以提高决策效率和管理效率。过多的层级会导致信息传递缓慢，影响管理的灵活性和反应速度。

3. 权责清晰原则

各个管理层级的职责和权限应当明确，避免权责重叠和责任模糊，以确保管理的科学性和规范性。每个管理层级应当清楚地知道其职责范围和所拥有的权力。

4. 信息流通原则

管理层级之间的信息流通应当畅通无阻，各级管理者应当及时了解和掌握图书馆内部的情况和问题，以便及时调整。信息的流通可以通过有效的沟通渠道和会议制度来实现。

5. 协作性原则

管理层级之间应当密切协作，形成良好的团队合作氛围，共同为图书馆的发展和服务目标努力。各级管理者应当相互支持、相互配合，共同推动图书馆的各项工作。

（三）图书馆管理层级的常见形式

图书馆管理层级的常见形式可以根据管理结构的复杂程度和层次数量来划分，包括单层级管理、双层级管理和多层级管理。

1. 单层级管理

单层级管理较为简单，通常只有一层管理层，即高级管理者直接管理基层员工。这种管理结构适用于较小规模的图书馆或者管理层次较少、管理需求较简单的情况。单层级管理结构简洁明了，决策效率较高，但可能面临管理覆盖面不广、信息传递不畅等问题。

2. 双层级管理

双层级管理结构的管理层级分为两个层次，通常包括高级管理层和基层管理层。高级管理层负责制订战略规划和决策重大事项，基层管理层负责具体部门或团队的日常管理和运作。这种管理结构适用于中等规模的图书馆，可以更好地分工协作，提高管理效率和灵活性。

3. 多层级管理

多层级管理结构的管理层级较为复杂，通常包括高级管理层、中级管理层和基层管理层，甚至可能包括更多的细分层级。不同层级之间存在明确的管理层次和职责分工。这种管理结构适用于大规模的综合性图书馆，可以更好地实现各个层级之间的协作和统筹管理，但也可能面临层级过多、决策效率低下等问题。

在实际应用中，图书馆可以根据自身的规模、性质和管理需求选择适合的管理层级形式，以实现管理的科学化、规范化和高效化。同时，随着图书馆的发展和变化，管理层级的形式也可能随之调整和变化。

四、组织结构与管理层级的优化

（一）科学分工和整合

科学的分工能够使得图书馆内部的各项任务和职责清晰明确，有利于提高工作效率和质量；而良好的整合则能够促进各部门之间的协作和协调，实现资源的最优配置。

在进行科学分工时，首先需要对图书馆的各项工作进行细致的分析和划分，将整个工作流程划分为不同的任务和职责，并将其分配给相应的部门和个人。这样可以确保每个部门和个人都清楚自己的责任范围和工作目标，避免责任模糊和工作重叠的问题。

同时，在进行整合时，需要建立有效的沟通和协作机制，确保各部门之间的信息流通畅通，能够及时分享信息和资源。此外，还需要建立跨部门的协作团队或工作小组，促进各部门之间的密切合作，共同完成跨部门的重要项目和任务。

（二）权责明确和授权

图书馆组织结构与管理层级的优化要确保每个职位的职责清晰明确，同时赋予员工适当的权力，以便他们有效地执行工作任务。

图书馆管理层需要对各个部门和职位的职责进行全面审查和梳理，确保每个人的工作内容和范围都清晰可见。这包括确定每个职位的主要职责、目标和绩效指标。

针对每个职位和部门，管理层需要确立明确的权力结构。这意味着明确规定每个员工在其工作范围内的自主权和决策权。这种授权不仅仅是赋予员工执行任务的权力，还包括赋予他们适当的自主权，以便他们能够根据情况作出灵活的决策。

在实施权责明确和授权的过程中，管理层需要与员工密切合作，确保他们理解自己的职责和权力，并为其提供必要的培训和支持。此外，管理层还需要建立有效的沟通机制，以确保员工能够及时获取必要的信息和指导，从而更好地履行自己的职责。

权责明确和授权需要是一个持续的过程，而不是一次性的活动。管理层需要定期审查和调整组织结构和授权机制，以适应外部环境和内部需求的变化。通过不断优化和调整，图书馆可以建立一个灵活高效的组织结构，实现更高的工作效率。

（三）信息化管理手段

信息化管理手段包括采用先进的信息技术和管理系统，以提高图书馆的运营效率、服务质量和管理水平。

图书馆可以通过建立和使用数字化图书馆系统来实现信息化管理。这种系统包括数字化图书馆资源管理系统、图书馆自动化系统、借阅管理系统等，可以更好地管理图书馆的馆藏、读者信息、借阅流程等。数字化图书馆系统不仅可以提高图书馆的工作效率，还可以为读者提供更加便利和个性化的服务。

通过收集和分析读者借阅数据、图书馆资源利用情况等信息，管理层可以更好地了解用户需求和图书馆运营状况，从而制订更加科学合理的管理策略和发展规划。图书馆要建立自己的网站和移动应用，为读者提供在线检索、预约借阅、电子资源访问等服务，以便他们随时随地地利用图书馆资源。

信息化管理手段需要与图书馆的组织结构和管理层级相互配合和支持。管理层需要积极推动信息化建设，为信息化管理提供必要的资源和支持，同时员工也需要接受相关培训和教育，以提高他们运用信息化工具和技术的能力。

（四）灵活的激励机制

通过建立灵活的激励机制，图书馆可以激发员工的工作激情和创造力，增强团队凝聚力和竞争力，实现组织结构与管理层级的优化目标。

管理层可以根据员工的工作表现、贡献和发展需求，灵活地调整薪酬待遇，包括基本工资、绩效奖金、福利待遇等。通过设立激励奖励机制，如年度绩效奖、优秀员工奖等，鼓励员工积极进取、积极创新。图书馆可以建立健全的晋升评定制度和培训计划，为员工提供广阔的职业发展空间和成长机会，并通过内部晋升、岗位轮岗、跨部门交流等方式激励员工不断提升自己的专业技能和管理水平。图书馆还可以提供灵活的工作时间安排、弹性工作制度、远程办公等选择，以满足员工的工作和生活需求，提升其工作满意度和忠诚度，同时倡导团队合作、分享经验和学习成长的文化，鼓励员工勇于提出新思路、尝试创新，并给予充分的支持和认可。

第二节　总体规划与战略管理

一、图书馆总体规划的概念和作用

图书馆总体规划是指针对图书馆整体发展的长远规划和布局，旨在明确图书馆的发展目标、发展方向、发展重点和实施路径，以实现图书馆的可持续发展。这一规划涵盖了各个方面，包括馆藏建设、服务模式、信息化建设、人才队伍建设等内容，是图书馆发展的战略指南和行动纲领。

图书馆总体规划的重要性体现在多个方面。首先，它能够为图书馆的发展提供明确的方向和目标。通过总体规划，图书馆能够清晰地确定自身的发展定位和发展目标，明确未来的发展方向和重点领域，有利于集中资源、精准施策，推动图书馆事业的健康发展。其次，图书馆总体规划可以促进资源的合理配置和优化利用。通过规划，图书馆能够对馆藏资源、人力资源、财务资源等进行科学的布局和管理，避免资源的浪费和重复建设，最大限度地发挥资源的效益，提高图书馆的整体运作效率和服务水平。此外，图书馆总体规划还能够促进内部管理的优化和提升。在规划过程中，图书馆需要对组织结构、管理体制、工作流程等进行全面梳理和优化，提高管理效能和服务质量，为图书馆的可持续发展奠定坚实基础。最后，图书馆总体规划有助于提升图书馆的社会影响力和竞争力。通过规划，图书馆能够更好地满足读者的需求，提供更加丰富多样的服务内容和更高质量的服务体验，树立良好的品牌形象，增强在社会中的地位和影响力。

二、图书馆总体规划的内容框架

（一）使命、愿景和核心价值观

使命、愿景和核心价值观是图书馆总体规划的基础和灵魂。使命是图书馆存在的原因和宗旨，表达了图书馆为读者提供知识、信息、文化服务的目标；愿景则是对图书馆未来发展的愿景和追求，反映了图书馆的发展方向和理想状态；核心价值观则是图书馆所秉持的价值观念和行为准则，指导着图书馆的工作和服务。

（二）环境分析和 SWOT 分析

环境分析和 SWOT 分析是图书馆总体规划的重要组成部分，用于评估外部环境和内部条件。环境分析包括对政治、经济、社会、技术、法律等方面的宏观环境进行分析，了解图书馆所处的外部环境条件和趋势。SWOT 分析则是对图书馆的优势、劣势、面临的机会和挑战进行全面梳理和评估，帮助图书馆确定自身的发展优势和面临的挑战，为制订后续发展战略提供依据。

（三）战略目标和实施策略

战略目标应当明确、具体、可衡量，与图书馆的使命、愿景和核心价值观相一致。这些目标可以涵盖馆藏建设、读者服务、信息化建设、人才队伍建设等方面，旨在提高图书馆的服务水平和社会影响力。

制订战略目标后，图书馆需要结合实际情况制订相应的实施策略。这些策略应当针对性强，具体明确，包括具体的行动计划、责任人和时间节点。同时，还需要考虑资源投入、风险评估等因素，确保策略的有效实施和顺利推进。例如，针对提升馆藏建设水平的目标，可以制订增加采购经费、加强文献资源征集渠道、优化馆藏管理流程等具体策略。

（四）资源配置和预算编制

资源配置和预算编制直接关系到规划目标的实现和实施策略的落实。图书馆需要对各项资源进行全面梳理和评估，包括人力资源、财务资源、物质资源等，明确现有资源的优势和不足，为后续规划提供依据。根据战略目标和实施策略，图书馆需要合理配置资源，确保资源的有效利用和效益最大化，包括调整人力结构、优化资金投入、更新设备设施等。针对资源配置，图书馆需要编制详细的预算计划，包括资金收支预算、人力资源预算等。预算计划应当科学合理，充分考虑各项支出和收入，确保资源的合理配置和有效利用。

通过合理的资源配置和预算编制，图书馆可以为实现战略目标和实施策略提供坚实的保障，推动图书馆事业的健康发展。

（五）绩效评估和反馈机制

在图书馆总体规划中，绩效评估和反馈机制是确保规划顺利执行和持续改进的关键环节。绩效评估旨在定期检查和评估图书馆各项工作的完成情况和效果，以确保目标的实现和战略的落实，而反馈机制则是指建立有效的信息反馈渠道，及时收集各方面的反馈意见和建议，为调整和改进提供参考依据。建立健全的绩效评估和反馈机制可以促进规划目标的实现，推动图书馆事业的不断发展和进步。

三、图书馆战略管理的理论基础

（一）战略管理的涵义

战略管理是指组织在不断变化的外部环境和内部条件下，通过制订和实施有效的战略，以达成长期目标并获得竞争优势的管理过程。在图书馆领域，战略管理涵盖了对馆藏建设、读者服务、信息技术应用、人才队伍建设等方面的长期规划和决策，旨在使图书馆更好地适应环境变化、提升服务水平、实现可持续发展。

战略管理包括以下几个方面的内容：

1. 战略制订

战略管理首先涉及到明确图书馆的使命、愿景和核心价值观，然后根据外部环境和内部条件制订长远的发展战略。这些战略可以包括馆藏发展战略、读者服务战略、信息化战略等，旨在指导图书馆的未来发展方向。

2. 战略实施

制订好的战略需要有效地落实到具体的行动计划中，涉及资源配置、组织协调、任务分解等方面。在实施过程中，制定者需要密切关注各项工作的进展情况，及时调整和优化战略实施计划。

3. 战略评估

战略管理还需要建立起科学的绩效评估体系，对各项战略的实施效果进行定期评估和监控。这包括对战略目标的达成情况、资源利用效率、服务质量等进行全面评估，及时发现问题、总结经验，为进一步决策和调整提供依据。

4. 战略调整

根据评估结果和外部环境变化，战略管理需要及时进行战略调整和优化。这可能涉及到战略目标的调整、实施策略的变更、资源配置的重新安排等，以确保战略的持续适应性和有效性。

（二）战略管理的主要理论

1. 波特的竞争战略理论

波特的竞争战略理论是指迈克尔·波特（Michael Porter）提出的关于企业竞争优势的理论框架。该理论主要包括三种基本竞争战略：成本领先战略、差异化战略和专注战略。成本领先战略指企业通过在生产、销售等方面实现成本领先，以在市场上获得竞争优势；差异化战略指企业通过产品、服务、品牌等方面的差异化来吸引消费者，从而获得竞争优势；专注战略指企业在特定市场细分领域内专注于某一产品、服务或市场细分，以满足特定消费者群体的需求。波特的竞争战略理论为企业提供了制订战略、实现竞争优势的重要指导，也为图书馆等非营利组织的战略管理提供了启示。

2. 资源基础理论

资源基础理论强调了组织内部资源和能力对竞争优势的重要性。该理论认为，组织内部的资源（如人力资源、技术资产、品牌资产等）和能力（如创新能力、学习能力、管理能力等）是决定组织竞争优势的关键因素。资源基础理论指出，拥有独特、稀缺、难以模仿和无法替代的资源和能力的组织，能够在竞争中获得持续的优势。在图书馆管理中，资源基础理论提醒管理者要重视和充分利用图书馆内部的资源和能力，以提升服务质量、满足读者需求，从而获得竞争优势。

3. 平衡计分卡理论

平衡计分卡理论是由罗伯特·卡普兰（Robert S.Kaplan）和大卫·诺顿（David P.Norton）提出的一种绩效管理方法，旨在使组织能够全面衡量和管理绩效。平衡计分卡将组织的绩效分为四个方面：财务、顾客、内部流程和学习与成长。这四个方面相互关联，相互影响，共同构成了组织的绩效体系。平衡计分卡理论强调了绩效评估的多维度性和平衡性，使管理者能够更全面地了解组织的绩效状况，从而更有效地制订战略、优化资源配置、提升绩效。在图书馆管理中，平衡计分卡理论可以帮助管理者全面了解图书馆的服务质量、读者满意度、内部运营效率等，有针对性地制订改进措施，提升图书馆的整体绩效。

这些战略管理理论为组织在竞争激烈的环境中制订战略、实现竞争优势提供了理论支持和实践指导，也为图书馆管理者在制订总体规划、优化服务、提升绩效等方面提供了重要的参考和启示。

四、图书馆战略管理的挑战与对策

（一）战略管理面临的主要挑战

战略管理在当今图书馆管理中面临着多重挑战，这些挑战不仅来自于外部环境的变化，也源自内部组织的发展需求。

快速变化的信息坏境给图书馆带来了前所木有的挑战。随着新技术和新媒体的不断涌现，以及读者需求的多样化和个性化，图书馆必须及时把握信息变化趋势，调整服务模式，以更好地满足读者的需求。这需要图书馆具备灵活的战略调整能力，不断创新服务方式，提供更符合时代潮流的服务内容。

图书馆面临着诸多资源方面的限制，包括经费、人力和馆藏等，而与此同时，读者对于图书馆的需求却不断增长，服务压力不断加大。在资源有限的情况下，如何合理配置资源、提高资源利用效率，以满足日益增长的读者需求，成为图书馆管理者需要思考和解决的问题。

随着信息技术的迅速发展和应用，图书馆正在经历着数字化转型。这种转型不仅涉及到数字化馆藏、数字化服务，还涉及到数字资源管理、网络安全、知识产权保护等。图书馆需要及时跟进新技术的发展，加强对数字资源的管理和保护，确保数字化转型顺利进行，为读者提供更加便捷、高效的服务。

图书馆需要具备跨学科、跨领域的专业人才，以适应信息社会的发展需求。但是，高素质的人才并不容易培养和留住，而且图书馆内部的人才流动也是一个不可忽视的问题。因此，图书馆需要采取有效的人才管理措施，包括建立良好的人才培养机制、激励机制和职业发展通道，提高员工的工作积极性和满意度，确保组织的稳定发展。

在数字化时代，图书馆不仅面对来自其他图书馆的竞争，还要面对来自网络信息服务商、商业图书馆等新竞争者的挑战。与此同时，图书馆也需要通过与其他机构的合作，共同应对挑战，实现资源共享、优势互补，提高自身的竞争力和服务水平。

（二）提高战略管理效能的对策

1. 建立顶层设计机制

建立顶层设计机制意味着在图书馆的管理层面建立起明确的战略规划和决策机制。这包括确定图书馆的使命、愿景和核心价值观，以及制订长期发展目标和战略方向。通过顶层设计，管理者可以对整个组织的发展方向有清晰的认识，统一各部门的行动，提高战略管理的协调性和一致性。通过明确战略目标和优先发展领域，管理者可以更加科学地配置资源，将有限的资源投入到最具战略意义和最有价值的领域，提高资源利用效率，实现资源的最大化利用。在战略制订过程中，各级管理者和部门之间需要进行充分的沟通与协调，确保战略目标的一致性。通过建立顶层设计机制，可以促进信息的流动和共享，加强各部门之间的协作，提高战略管理的效能。在不断变化的外部环境中，图书馆需要及时调整战略方向，灵活应对各种挑战和风险。通过建立顶层设计机制，管理者可以更加敏锐地捕捉外部环境的变化，及时调整战略方向，降低组织面临的风险，提高应变能力和适应能力。

2. 创新战略管理模式

传统的战略管理模式可能已经无法完全适应当前快速变化的环境，因此，图书馆需要不断探索和创新，采用更加灵活、适应性强的战略管理模式。

创新战略管理模式可以采用更加灵活的战略制订和实施方法，如敏捷战略管理、设计思维等，帮助图书馆更好地适应外部环境的变化，提高战略管理的灵活性和适应性。

在信息化时代，图书馆需要跨学科、跨领域的和具备创新思维的能力的专业人才。创新战略管理模式可以促进组织内部不同部门和人员之间的跨界合作和创新，引入外部专业人才和资源，推动图书馆战略管理的创新和发展。图书馆可以利用大数据和人工智能等技术手段，分析和挖掘海量数据，为战略制订和实施提供科学依据。创新战略管理模式可以借助先进的数据分析和预测技术，帮助图书馆做出更加准确和有效的决策，提高战略管理的效能和智能化水平。图书馆需要不断学习和积累经验，及时总结和反思工作中的经验教训，不断改进和完善战略管理模式。创新战略管理模式可以建立起持续学习的机制和文化，鼓励员工不断创新和改进，推动图书馆战略管理的不断进步和发展。

3. 加强战略执行保障

战略制订虽然重要，但真正决定组织成败的是战略的执行。执行者应当设立合适的绩效指标，明确各部门和员工的目标和责任，建立绩效考核机制，确保战略目标得到有效执行；通过定期评估和反馈，激励员工积极参与战略实施，提高执行效率和效能；同时将战略目标具体化为可操作的实施计划，明确各项任务的时间节点、责任人和资源需求。详细的实施计划可以帮助管理者监督和控制战略实施进度，及时发现和解决问题，确保战略目标的顺利实现。

对于涉及的重点项目和关键任务，执行者应建立项目管理制度，明确项目的目标、范围、进度和风险管理措施。有效的项目管理和风险管埋可以降低项目失败的风险，保障战略执行的顺利进行。健全的组织沟通机制可以加强各级管理者之间的沟通和协调，确保战略目标的统一理解。有效的组织沟通可以促进信息的流动和共享，增强组织内部的凝聚力和执行力度。战略执行的反馈机制可以及时收集和分析执行过程中的问题和挑战，及时调整和优化实施计划。同时，管理者应建立学习机制，鼓励员工从实践中不断总结经验教训，提高战略执行的效率和质量。

培养和提升领导者的战略执行能力有利于激励团队成员的积极性和创造力，构建高效的执行团队。强化领导力和团队建设可以提高战略执行的效能，确保战略目标的顺利实现。

第三节　人力资源管理与团队建设

一、人力资源管理概述

（一）人力资源管理的定义和作用

人力资源管理是指组织对员工进行招聘、培训、激励、评价和管理的过程，旨在最大程度挖掘员工的潜力和价值，以实现组织的战略目标。其作用在于有效地管理和利用人力资源，为组织提供持续的竞争优势和可持续发展的动力。

招聘和选拔合适的人才，并将其分配到适合其能力和兴趣的岗位上，可以形成合理的组织结构和人才队伍，提高组织的整体效率和竞争力。人力资源管理为员工提供良好的工作环境、发展机会和激励措施，激发员工的工作积极性和创造力，提高员工的工作满意度和工作绩效，从而实现组织和员工的双赢。人力资源管理还有助于促进组织内部的沟通与协作，通过建立有效的沟通渠道和团队合作机制，加强组织内部各部门和员工之间的沟通和协作，可以增强组织的凝聚力和团队的凝聚力，提高组织的整体绩效和竞争力。人力资源管理有助于塑造良好的组织文化和品牌形象，弘扬正能量，提高员工的归属感和认同感，塑造良好的组织品牌形象，吸引更多优秀的人才加入组织，推动组织的持续发展。

（二）图书馆人力资源管理的原则

1. 关注图书馆工作人员的人性化管理

在图书馆的运营中，工作人员是最宝贵的资源，他们不仅是图书馆的服务提供者，更是图书馆的生命与灵魂。他们具有自己的理想与追求，希望在工作中实现个人的人生价值。因此，在图书馆的人力资源管理中，采取柔性管理策略至关重要。这种管理策略强调以人为本，注重关怀员工的情感需求，倡导尊重和信任，建立良好的工作氛围和人际关系。

柔性管理策略的核心在于认真观察图书馆工作人员的思想和行为的变化。管理者应该与员工建立起紧密的联系，了解他们的需求和期望，关注他们的情感状态和工作动态，通过与员工的沟通和交流，及时发现问题并解决，为员工提供良好的工作环境和发展空间。

在实施柔性管理策略时，维护图书馆工作人员的利益是至关重要的。管理者应该尊重员工的个人权利和价值，保护他们的合法权益，为他们创造平等的工作机会和环境。同时，还要注重激发员工的工作热情，通过各种激励措施，激励员工积极投入工作，为图书馆的发展贡献力量。

人性化管理是柔性管理策略的核心内容。在图书馆的管理实践中，管理者应该注重员工的个性化需求，尊重他们的选择和决定，给予他们充分的信任和支持，通过关怀和理解，建立起良好的员工关系，增强员工的归属感，提高他们的工作满意度和忠诚度。

2. 因事择人、因材施用，实现人力资源最佳结合

在图书馆的人力资源管理中，构建良好的组织结构与工作人员之间的互动关系至关重要。关键问题在于如何将图书馆的其他资源与人力资源高效结合起来，发挥工作效能。因此，人力资源管理的核心在于按照因事择人、因材施用的管理规律，实现工作岗位的实际要求与人员能力的最佳匹配。

不同的工作岗位可能需要不同专业背景和技能，因此需要针对性地招募和培养相应的人才。例如，技术类岗位需要具备相关技术知识和技能的人才，而服务类岗位则需要具备良好的沟通和服务意识的人才。每个人都具有不同的特长和擅长领域，因此在分配工作时应充分考虑到员工的个人能力和兴趣，将其安排到适合他们的岗位上发挥所长。这不仅可以激发员工的个人潜力和工作热情，还能够提高工作效率和工作质量。

因此，以工作需要和工作能力为基本原则进行图书馆专业人员任用是人力资源管理的基本要求。只有依照因事择人、因材施用的管理规律，将工作岗位的实际要求与人员能力的最佳匹配，才能够最大限度地发挥图书馆工作人员的个人潜力和工作热情，实现理想的工作效果。这也是提高工作效率、避免人力资源浪费的有效措施之一。

3. 图书馆人力资源管理的持续发展

图书馆人力资源管理与社会的发展息息相关，随着社会的变化和发展，图书馆工作人员也面临着不适应社会发展的问题。因此，管理者在调整图书馆与社会

发展关系，进行组织机构的重组与变革的同时，也要做出相应的人力资源调整，以维持社会和图书馆发展的动态平衡。

要注意图书馆人力资源的专业结构平衡、年龄结构平衡及知识结构平衡。这意味着需要不断强化图书馆工作人员的继续教育和业务培训，注重知识更新和技能提升；通过对在职人员的继续教育，提高工作人员的技能和水平，从而改善图书馆人力资源结构，使之与社会发展的需求相适应；通过引进具有新知识、新技能的人才，改善和调整图书馆工作人员的能力结构，组成科学合理的团队。同时，管理者还应注重人员的流动，为员工提供广阔的发展空间和机会，激发他们的工作潜力和创造力，推动图书馆事业的持续发展。

图书馆的发展需要一个高效协作的团队来推动。因此，管理者要注重团队建设，培养团队精神，营造良好的团队氛围和工作环境。只有团队成员之间相互合作、相互支持，才能够共同实现图书馆事业的发展目标。

二、图书馆人力资源管理内容

（一）人力资源规划

制订图书馆人力资源规划是确保图书馆持续发展的关键一环。首先，要明确图书馆的战略发展目标，这是规划的基础，然后，结合图书馆的实际情况，制订符合发展目标的馆员需求方案和发展计划。人力资源规划在图书馆的运营中具有重要地位，必须科学合理地了解和预测馆员需求，才能有针对性地进行规划。

人力资源规划的核心是预测图书馆员的需求和供给情况。这需要管理者结合图书馆的发展状况和就业规模，分析未来一段时间内图书馆所需的馆员数量及结构。通过对馆员的专业、年龄、性别留任、退休、晋升等情况进行综合分析，预测未来馆员的供给情况。根据预测结果，管理者可以确定是否需要招聘新馆员或调整现有馆员的岗位和晋升计划。

规划的制定需要考虑到图书馆所处的内外部环境不断变化的现实情况。这意味着规划必须灵活应对环境变化，及时调整和优化人力资源的配置和结构，同时，要重视馆员的发展，提供良好的发展机会和培训计划，以保持馆员的工作积极性和专业水平。

（二）招聘与入职管理

在进行人员招聘时，图书馆管理者需要向人事部门提出人才需求申请，并等待批准后方可进行招聘。因此，在向人事部门递交申请之前，管理人员必须制订详细的人力资源需求计划，明确所需岗位及人才条件，一旦获得批准，就可以发布招聘信息，吸引合适的人才。

招聘应坚持公开、公正的原则，选择与图书馆所需岗位最匹配的人才，这包括对应聘者的资历、经验、技能和态度进行全面评估，并通过面试等程序进行综合筛选。选择合适的候选人后，进行录用程序，签订正式的劳动合同。

对于录用的图书馆馆员进行岗前培训和入职教育是至关重要的。这项工作旨在帮助新员工更快地适应新环境、了解工作职责和规章制度，提高工作效率。培训内容可以包括图书馆的基本知识、服务理念、工作流程及技能培训等。

科学合理的招聘和入职管理可以确保图书馆的人才与岗位的最佳匹配，提高员工的工作效率和工作满意度，推动图书馆事业的持续发展。

（三）员工培训与发展

图书馆管理者应该制订全面的培训计划，根据图书馆的发展需求和员工的岗位特点，确定培训内容和形式。培训内容可以包括图书馆服务技能、信息管理技术、读者服务理念等，也可以涵盖团队合作、沟通技巧、领导力发展等方面的软技能培训。培训形式可以采用内部培训、外部培训、在线培训等多种方式，灵活多样地满足员工的学习需求。同时，培训计划应注重员工的个性化发展需求，为其提供个性化的发展计划和培训方案。管理者还应通过定期的职业规划和发展谈话，了解员工的职业发展目标和需求，为其量身定制相应的培训计划，帮助其实现个人发展目标。建立健全的培训评估机制，及时跟踪和评估培训效果，可以为进一步改进培训计划提供依据。同时，管理者还要通过员工的培训成绩、工作表现、绩效评价等多方面的指标，全面客观地评估培训效果，不断提升培训的针对性和有效性，注重员工的持续学习和自我提升。提供良好的学习环境和学习资源，鼓励员工积极参加各种学习活动和专业交流，可以使他们不断丰富自己的知识和技能，保持学习的动力和热情。

（四）绩效考评

图书馆馆员的绩效考评是通过一系列既定的标准和评价方法，对其工作表现进行全面评估的过程。这包括收集、分析、评价及反馈员工的工作情况，并将评价结果以量化的方式反映出来。绩效考评为员工的晋升、培训、职务调整、薪资待遇等提供真实有效的信息依据。

绩效考评需要建立合理有效的评价体系。这个体系应该综合考虑员工的工作成果、工作质量、工作态度、团队合作能力等多方面因素，以确保评价的全面性和公正性。明确的评价指标和权重可以更准确地反映员工的工作表现。绩效考评应该定期进行，并与员工的个人发展目标和组织的战略目标相一致。定期的考核可以帮助员工及时发现问题、改进工作，并及时调整工作计划和目标，以提高工作效率和工作质量。绩效考评的结果应该及时反馈给员工，确保沟通和交流。明确工作表现的优点和不足可以为员工提供改进和成长的机会，激励其不断提升自我，促进个人能力的提升和职业生涯的发展。

合理有效的绩效考评可以准确地检查和控制员工的工作情况，促进其完成工作任务，提高工作效率和绩效水平，为图书馆的管理优化和发展提供有力支持。

三、图书馆团队建设与管理

（一）团队建设的重要性

团队建设在图书馆管理中的重要性有以下几点：

第一，团队建设有助于凝聚团队成员的共识和合作精神。在图书馆这样的组织环境中，团队合作是推动工作发展的关键。团队建设可以增强团队成员之间的归属感和认同感，建立起共同的目标和价值观，从而提升团队的凝聚力和执行力。

第二，团队建设有助于优化团队的组织结构和工作流程。在一个高效的团队中，每个成员各司其职，相互配合，形成良好的工作机制。通过团队建设，可以促进团队成员之间的沟通和协作，优化工作流程，提高工作效率和质量。

第三，团队建设还可以培养团队成员的团队精神和潜在领导能力。在一个团结合作的团队中，每个成员都愿意为团队的共同目标而努力奋斗，乐于分享成功和承担失败。团队建设可以培养团队成员的责任心和团队精神，提高其潜在领导能力和团队管理能力。

（二）图书馆团队建设和管理的策略

1. 明确团队目标和角色分工

确定清晰的团队目标，并将其与图书馆的战略目标对接。同时，明确团队成员的角色和职责分工，确保每个人都知道自己在团队中的位置和责任，避免工作重叠和责任模糊。

2. 促进团队沟通和协作

建立开放、互信的沟通机制，鼓励团队成员之间的交流和合作。可以通过定期的团队会议、沟通平台和项目协作工具等方式，促进团队成员之间的信息共享和协作配合，提高团队的工作效率和协作能力。

3. 培养团队精神和凝聚力

通过团队活动、团队建设培训等方式，培养团队成员的团队精神和凝聚力。可以组织团队外出活动、团队建设训练营等，加强团队成员之间的交流和互动，增强团队的凝聚力和向心力。

4. 激励团队成员

设计合理的激励机制，激励团队成员为团队的共同目标努力奋斗。可以采用奖励制度、晋升机制、荣誉称号等方式，鼓励团队成员积极参与团队活动和工作任务，提高其工作积极性和投入度。

5. 持续学习与提升

鼓励团队成员持续学习和提升自我，提高专业素质和技能水平。可以组织团队培训、知识分享会、专业交流等活动，为团队成员提供学习和成长的机会，保持团队的竞争力和创新力。

以上策略的有效实施可以促进图书馆团队的建设和管理，提高团队的执行力和工作效能，推动图书馆事业的持续发展。

四、图书馆人力资源管理的创新

（一）人本管理理念

人本管理是一种管理理念，将员工视为组织中最宝贵的资源，注重充分考虑员工的能力、兴趣、特长和心理状态，科学地安排工作岗位，并关注员工在工作中的成长和价值。这种管理方式通过整体性的人力资源开发计划，激发员工的工作主动性、积极性和创造性，提高工作效率和业绩，为组织的发展目标做出最大的贡献。

在图书馆管理中，人本管理思想的核心是将员工作为图书馆管理的主体，并将其作为制订发展战略规划和实施的依据。这种管理理念强调尊重、关心和信任员工，培养员工的团队精神、创新精神和责任感，以确保图书馆事业的发展目标的实现。

在当今信息技术飞速发展的背景下，图书馆作为文献信息服务中心，需要大力发掘员工的潜能、培养其实践创新能力，以适应时代发展的需要。因此，图书馆应该树立以人为中心的人力资源管理理念，将员工视为最宝贵的资源来开发和管理。这一理念的重点在于吸引、培养、用好和留住人才，通过建立科学、合理、系统的人力资源管理机制，规划和发展图书馆事业。

为了实现以人为本的管理理念，图书馆管理者应该尊重员工的人格和选择，关心员工的需求，建立相互信任的组织关系，激励员工积极参与合作，帮助员工实现自我提高和完善，实现他们自身的价值和目标。人力资源管理的规划、人员聘任制及良好的培训机制的实施可以有效地提高图书馆员工的整体素质，激发员工的工作积极性，实现图书馆和员工的双赢。只有树立以人为本的管理理念，图书馆才能在激烈的竞争中脱颖而出，实现快速、持续的发展。

（二）能本管理管理理念

能本管理是以人的能力为核心的管理理念，是在人本管理的基础上发展而来的它强调将员工的知识、智力、技能和实践创新能力作为组织中最重要的资源，通过不断提升员工的能力，实现组织成员能力价值的最大化，推动组织全面向前发展进步。

在现代知识经济和信息经济时代，知识、智力和创新能力成为发展的基础。因此，能本管理的目标是通过有效的方法，充分发挥每个组织成员的能力，将能力这一重要资源进行优化配置，产生推动组织发展的巨大力量。

对于图书馆而言，能本管理的核心是根据人事相宜的原则，将员工放置到适合其能力的岗位上，以发挥最佳管理效能。这需要根据每个员工的能力和图书馆的发展需求，将员工配置到适应其能力的部门和岗位上，实现员工能力与岗位的最佳匹配。

为了实现能本管理，图书馆应该重点、有计划地对员工的能力进行开发培训，将员工的能力开发作为福利待遇的一部分，同时增加激励手段，鼓励员工不断提升自身能力。通过定期的能力考评和鼓励员工充分展示自己的能力，营造一个尊重知识和能力的环境，激发员工对图书馆事业的热爱和奉献。

（三）激励管理理念

马斯洛提出的需求层次理论和赫兹伯格的双因素理论为图书馆人力资源管理提供了重要的理论基础。根据这些理论，图书馆管理者可以更好地了解和满足馆员的需求，以激励他们发挥潜能，提升工作积极性。

马斯洛的需求层次理论强调人类需求的层次性，从生理需求到自我实现需求层次逐渐提升。这表明图书馆管理者首先应满足馆员的基本生活需求，如工资福利等，在此基础上，再应重视馆员的社交需求、尊重需求和自我实现需求，为他们创造良好的工作环境和发展机会。赫兹伯格的双因素理论强调了保健因素和激励因素对员工行为的影响。保健因素满足了低层次的需求，而激励因素则满足了高层次的需求，如尊重和自我实现。因此，图书馆管理者需要不仅满足馆员的物质需求，还要注重提升他们的工作意义感和成就感。

在图书馆的实际管理中，物质激励是基础，但精神激励同样重要。除了提高工资福利，还应给予员工充分的表扬和认可，以及提供发展晋升的机会。同时，也需要注意正负激励的使用，正面激励如奖励和表扬可以增强员工的积极性，而负面激励如批评和处罚则可能影响员工的工作意愿。

因此，图书馆管理者在制订激励策略时，应综合考虑员工的不同需求和个性特点，采取恰当的激励手段，营造积极向上的工作氛围，从而提高馆员的工作效率和工作满意度，促进图书馆事业的持续发展。

第四节　财务管理与预算控制

一、图书馆财务管理概述

（一）财务管理的定义和目标

财务管理是指对组织内部的资金、资产和财务活动进行计划、监控和控制的一系列管理活动。其目标是确保组织能够有效地获取和利用资金，实现财务健康和可持续发展。

财务管理的定义中包括了对资金的规划、筹集、运用和监督。这意味着财务管理涵盖了对资金的全过程管理，包括资金的获取途径、资金的运用方向及资金的监督和控制。财务管理旨在确保组织资金的合理利用，最大化地实现组织的财务目标。

财务管理的目标是确保组织的财务健康和可持续发展，包括确保组织能够及时支付债务、维持日常经营活动的正常运转，并在长期内保持盈利能力和资产增值。同时，财务管理还应关注组织的长远发展战略，通过合理的财务规划和投资决策，实现组织的战略目标和长期增长。在资金运作和投资决策过程中，财务管理需要评估和管理各种风险，包括市场风险、信用风险、流动性风险等，以确保组织资金的安全性和稳健性，降低财务风险带来的损失。财务管理需要确保财务信息的真实、准确和及时披露，以提高投资者和利益相关者对组织财务状况的了解和信任。同时，财务管理还需要遵守相关法律法规和会计准则，确保组织的财务活动符合法律法规和会计准则的要求，保障财务活动的合法性和合规性。

（二）图书馆财务管理的特点

图书馆财务管理具有以下几个特点：

1. 非营利性质

图书馆作为公共服务机构，其主要目的是为社会提供知识和信息服务，而非盈利。因此，图书馆的财务管理与商业企业相比具有明显的非营利性质，其财务目标更多地在于服务效益和社会效益。

2. 资金来源单一

图书馆的资金主要来源于政府拨款、捐赠和其他非营利组织的资助，资金来源相对单一。这意味着图书馆需要更加谨慎地规划和管理有限的资金，以确保能够满足日常运营和服务需求。

3. 长期性投资

图书馆的投资项目通常具有长期性和持续性，如图书、期刊订购、数字资源建设等。这要求图书馆在财务管理中注重长远规划和投资回报，以确保投资的可持续性和有效性。

4. 服务性质决定成本结构

图书馆的主要成本通常是人力成本、采购成本和设施维护成本等，而不像商业企业那样有生产成本和销售成本。由于图书馆的主要服务是提供知识和信息服务，人力资源是图书馆最重要的资产和成本。

5. 透明度和公开性

作为公共服务机构，图书馆的财务管理需要具备高度的透明度和公开性。图书馆需要向政府、捐赠者、利益相关者和社会公众公开财务信息，以展示资金使用情况和效益，并接受社会监督和评价。

6. 财务管理与服务目标的平衡

图书馆的财务管理需要在确保经济效益的前提下，兼顾服务目标的实现。因此，在财务决策和资金分配上需要平衡服务效益、经济效益和社会效益，以实现图书馆的长期发展和社会责任。

二、图书馆财务预算管理

（一）预算编制原则和程序

图书馆财务预算的编制原则和程序是确保财务资源合理分配和有效利用的关键。预算编制的原则包括：透明度、可行性、灵活性、公平性和责任性。透明度要求预算编制过程公开透明，确保各方利益相关者了解预算来源、用途和分配情况。可行性原则要求预算制订具有可实现性，避免虚高或虚低的情况，确保预算符合实际情况。灵活性原则强调预算应具有一定的灵活性，能够适应外部环境和内部需求的变化。公平性原则要求预算分配公平合理，充分考虑各部门和项目的需求和特点。责任性原则强调预算编制需要明确责任分工，确保预算执行的责任分配到人。

预算编制程序包括以下几个主要步骤：确定预算编制的时间表和责任人，收集和分析历史数据和相关信息，制订预算编制的指导方针和原则，确定预算的基本框架和内容，制订各项预算的具体数值和指标，编制预算报告和解释说明，最后经过内部审议和批准，形成最终的预算计划。

（二）预算支出的主要项目

图书馆财务预算的支出主要项目见表3-4-1。

支出项目	内容
人力资源成本	工资、福利、培训等人力资源管理方面的支出。图书馆的人力资源是提供服务的核心，因此人力资源成本是预算中的重要支出项目。
采购和订购费用	图书、期刊、数据库、电子资源等文献信息资源的采购和订购费用。这些资料是图书馆的核心资源，对于提供优质的服务至关重要。
设备和技术支出	图书馆设备的购置和维护费用，以及数字化技术和信息系统的建设和维护费用。现代化的设备和技术支持是数字图书馆发展的基础。
运营和维护费用	图书馆建筑物的运营、维护和清洁费用，以及日常管理和服务运营的费用。
宣传推广费用	图书馆服务的宣传推广费用，如广告、活动策划和公关活动等。
其他支出	各种管理和行政支出、差旅费用、会议费用等。

表 3-4-1 预算支出的主要项目

（三）预算执行和监控

预算执行和监控是保障预算实现的有效性和效率的重要环节。预算执行主要包括财务资源的支出、资金的合理使用和效益的实现。为了确保预算执行的有效性，图书馆需要建立完善的财务管理制度和内部控制机制，明确预算执行的责任人和权限，制订预算执行的程序和规范，建立财务报告和审计制度，及时监督和检查预算执行情况。

（四）预算绩效评估

预算绩效评估是对预算执行情况和效果进行定量和定性评价，从而为未来的预算编制和执行提供参考和指导。预算绩效评估主要包括三个方面的内容：预算执行情况的评价、服务效果和社会效益的评价、预算执行过程中的问题和改进措施的总结。通过预算绩效评估，图书馆可以及时发现和解决预算执行中的问题，优化资源配置，提高服务质量和效率，实现预算绩效的最优化。

三、图书馆资金管理

（一）资金来源和筹措渠道

图书馆资金来源和筹措渠道是图书馆资金管理中的关键环节，直接影响着图书馆的运营和服务能力。政府拨款是图书馆最主要的资金来源之一，通常用于支持图书馆的基本运营和服务提供。政府拨款的稳定性和可靠性对于图书馆的长期发展至关重要，因此，图书馆需要与政府保持密切沟通，争取获得适当的资金拨款。

除政府拨款外，捐赠和赞助也是图书馆获取资金的重要途径。社会各界对于图书馆的价值和作用愈发认可，因此，许多个人、企业和机构愿意通过捐赠和赞助来支持图书馆的发展。这些捐赠和赞助可以是现金捐赠、物资捐赠或者其他形式的资金支持，为图书馆提供了额外的经费来源。

图书馆还可以通过自筹收入和项目资助来筹集资金。自筹收入主要包括图书馆内部的收费服务、销售收入及其他非政府拨款的收入。

（二）资金使用和管控制度

图书馆资金使用和管控制度是确保资金合理利用和经费安全管理的重要机制。资金使用应当遵循严格的预算执行原则，即按照预算编制的方案和金额进行支出，确保经费使用在合理范围内。在资金使用方面，图书馆需要对各项支出进行合理安排和分配，优先保障服务和运营的正常开展，同时合理控制管理费用和其他支出，确保经费的有效利用。

为了加强对资金的管控，图书馆需要建立健全的财务管理制度和内部控制机制。财务管理制度应明确资金使用的权限和程序，规范各项经费支出的审批和执行流程。内部控制机制则包括对经费使用的监督和审查，确保资金使用符合法律法规和相关政策要求，防止经费浪费和滥用的现象发生。

图书馆还应建立定期的财务审计制度，对图书馆的经费使用情况进行全面审查和评估，及时发现和纠正存在的问题。财务审计可以检查资金使用的合规性和效率性，发现并解决资金管理方面的问题，提升图书馆的财务管理水平和透明度。

（三）资金核算和报告编制

资金核算和报告编制旨在确保资金使用情况记录的透明度和准确性，为决策提供可靠的财务信息支持。首先，资金核算涉及对图书馆的各项收入和支出进行准确记录和分类，以便及时了解资金的来源和去向。核算过程中需要注意确保记录准确、完整、及时，遵循会计准则和法律法规的要求，保证资金核算的真实性和可靠性。

在资金核算的基础上，图书馆需要编制财务报告，向相关部门和管理人员提供财务信息和分析。财务报告通常包括资产负债表、利润表和现金流量表等内容，反映了图书馆在一定期间内的经济状况、运营情况和资金流动情况。报告编制需要遵循相关的会计原则和规范，确保报告的准确性和可比性，为管理者提供科学决策的依据。

图书馆还应该定期进行财务分析和评估，对财务报告中的数据进行比较和分析，发现经营状况的变化和问题所在，及时调整管理策略和措施，提升财务管理水平和效益。财务分析可以帮助图书馆了解自身的财务状况和经营情况，发现问题和风险，并制订有效的改进措施，确保财务目标的有效实现。

四、图书馆成本核算与控制

（一）成本核算的重要性

成本核算在图书馆管理中具有重要的意义。首先，成本核算可以帮助图书馆全面了解各项经营活动的成本构成和分布情况，有助于管理者深入分析和评估资源利用效率，发现成本的主要来源和优化空间。通过对不同项目、部门或活动的成本进行核算，可以为决策提供依据，确保资源的合理配置和利用。其次，成本核算有助于图书馆制订合理的收费标准和服务定价策略。通过了解服务项目的成本结构，图书馆可以根据不同服务的成本特点和市场需求，科学制订收费标准，确保服务质量和经济效益的平衡，提高图书馆的服务水平和竞争力。此外，成本核算还可以帮助图书馆进行绩效评估和绩效管理，通过比较成本与效益的关系，评估各项服务和活动的经济效益，发现效率低下或成本过高的问题，并及时调整和改进管理措施，提升图书馆的绩效水平和竞争力。最后，成本核算对于财务管理和预算控制也至关重要。通过对成本的准确核算和控制，图书馆可以及时了解经费使用情况，发现预算偏差和超支情况，采取有效措施加以调整和控制，确保经费的有效利用和预算目标的实现。

（二）成本控制和优化措施

图书馆成本控制和优化措施是管理者必须认真思考和实施的重要措施之一，它直接影响着图书馆的运营效率、服务质量和可持续发展。

1. 精细化预算管理

成本控制的第一步是制订精细化的预算管理方案。图书馆管理者需要结合图书馆的发展战略和目标，对各项成本进行合理分配和预算，确保资金使用的合理性和高效性。预算管理应该贴近实际需求，根据不同部门和项目的特点进行差异化管理，并严格执行预算控制措施。

2. 人力资源优化

人力成本是图书馆的主要成本之一，因此合理优化人力资源是成本控制的关键。管理者可以通过合理配置人力资源、提高员工工作效率、优化人员结构等方式来降低人力成本。同时，加强员工培训和绩效考核，激发员工工作积极性和创造性，提高工作效率和服务质量。

3. 采购成本控制

采购成本是图书馆运营的重要支出项目，因此需要进行有效的成本控制。管理者可以通过合理制订采购计划、优化供应商选择、加强谈判和合同管理等方式来降低采购成本。同时，建立健全的采购管理制度和流程，提高采购效率和透明度，防止采购成本的浪费和滥用。

4. 设备和技术成本优化

现代图书馆依赖于先进的设备和技术支持，但设备和技术成本也是图书馆的重要支出项目。管理者可以通过合理规划设备更新周期、选择性地进行设备更新、加强设备维护和管理等方式来优化设备和技术成本。同时，积极探索和应用新的技术手段，提高设备利用率和技术效益，降低运营成本。

5. 运营和维护成本控制

运营和维护成本是图书馆日常运营的重要支出项目，管理者可以通过优化运营流程、节约能源消耗、合理使用设备和设施等方式来控制运营和维护成本。同时，加强对建筑物和设施的管理和维护，延长使用寿命，降低维护成本。

6. 宣传推广成本控制

宣传推广是图书馆提升知名度和吸引用户的重要手段，但也需要合理控制成本。管理者可以通过选择性地进行宣传推广活动、优化宣传渠道和方式、加强宣传效果评估等方式来控制宣传推广成本，确保宣传效果和成本的平衡。

图书馆成本控制和优化是一个系统工程，需要管理者从多个方面入手，采取综合性的措施和策略，不断完善管理制度和流程，提高管理水平和服务质量，实现图书馆的可持续发展。

五、图书馆财务风险管理

（一）财务风险识别与评估

图书馆财务风险管理中的财务风险识别与评估是确保图书馆财务安全和稳健

经营的重要环节。

1. 市场风险

市场风险可能源自投资资金的收益率波动、资产价值的变化等方面，这可能对图书馆的资产和投资收益产生不利影响。因此，图书馆管理者需要密切关注市场变化，对市场风险进行全面分析和评估，并制订相应的风险管理策略。

2. 信用风险

信用风险是指因借款人或债务人无法按时偿还债务而导致损失的风险。在图书馆的运营中，可能会涉及到与供应商或其他机构的借贷关系，如果这些债务方无法履行其义务，将对图书馆的财务稳定性产生影响。因此，管理者需要对与债权相关的风险进行评估，制订风险控制措施，确保债权人的权益不受损失。

3. 操作风险

操作风险是指由于内部流程、系统故障、人为错误等导致的损失风险。在图书馆管理中，操作风险可能包括人员管理不当、财务制度漏洞、技术系统故障等。为了减少操作风险，图书馆管理者需要建立健全的内部控制机制，加强员工培训和管理，确保各项操作流程的规范性和有效性。

4. 流动性风险

流动性风险是指资产无法及时变现或债务无法及时偿还导致的损失风险。图书馆财务管理可能遇到资金流动性不足的情况，导致无法按时支付应付款项。因此，管理者需要确保图书馆拥有足够的流动性资产，以应对可能出现的资金周转困难情况。

（二）财务风险应对策略

图书馆在应对财务风险时，可以采取多种策略来降低风险并保障财务安全和稳健经营。

第一，图书馆可以通过将资金投资于不同的资产类别或市场，降低因某一特定资产或市场波动而导致的损失风险。例如，图书馆可以将部分资金投资于稳健的固定收益产品，同时投资于具有潜力的股票或其他资产，以实现收益的稳定增长。

第二，图书馆可以加强对内部流程和制度的监督和管理，确保各项操作流程的规范性和有效性。此外，加强员工培训和管理，提高员工的专业水平和责任意识，可以有效减少人为错误和操作失误所带来的风险。

第三，与供应商、合作伙伴和其他机构建立长期稳定的合作关系，可以在一定程度上降低信用风险和市场风险。通过与其他机构进行合作，图书馆可以共享资源和信息，实现互利共赢，降低单一机构风险带来的影响。

第四，图书馆要制订严格的预算计划，合理安排资金使用，并建立定期监控和评估机制，及时发现和解决潜在的财务问题，确保财务状况的稳健和可持续发展。

最后，图书馆可以制订应急预案，应对突发事件和不可预见的风险，保障财务安全。同时，图书馆还应建立专门的风险管理团队，负责财务风险的识别、评估和管理，提高应对风险的效率。

（三）财务内部控制与审计

财务内部控制是指组织为实现财务报告的可靠性和合规性而建立的一系列措施和程序。审计则是对财务内部控制的有效性进行评估和验证的过程。图书馆需要建立健全的财务内部控制机制，并定期进行内部审计，以确保财务活动的合规性、准确性和可靠性。

第一，图书馆应建立明确的财务政策和流程，确保财务活动符合相关法律法规和组织规定。财务政策应明确规定各项财务活动的权限和责任，流程应规范各项财务操作的步骤，确保财务活动的规范性和透明性。

第二，图书馆应建立健全的会计制度和内部控制制度，确保财务信息的准确记录和报告。会计制度应符合国家法律法规和会计准则的要求，确保财务信息的真实、完整和准确。内部控制制度应包括预算控制、资产管理、财务报告、审计监督等方面，确保财务活动的合规性和有效性。

第三，图书馆应建立独立的内部审计部门或委员会，负责对财务内部控制的有效性进行评估和审计。内部审计部门应独立于财务部门和其他部门，直接向图书馆管理层或董事会报告，并及时提出改进建议和意见，确保财务内部控制的持续改进和优化。

第四，图书馆还可以借助外部审计机构进行财务内部控制的外部审计。外部审计机构可以对财务内部控制的有效性进行客观、独立的评估和验证，提供专业的意见和建议，帮助图书馆进一步完善财务管理制度和内部控制机制。

第三章 数字化时代下的图书馆服务创新

第一节 数字图书馆建设与管理

一、数字图书馆概述

（一）数字图书馆概念

数字图书馆是利用先进的数字化技术将各种形式的信息资源以数字化的形式存储，并通过计算机网络实现对这些资源的管理、检索、传播和共享的大型信息系统。它的本质是将传统图书馆中分散存储于不同载体、地理位置的信息资源转化为数字形式，并通过网络连接起来，形成一个有序的信息空间，以满足用户在全球信息网络上查询、获取和利用信息资源的需求。

数字图书馆的概念涵盖了多个方面：

1. 数字化存储和处理信息

数字图书馆将各种类型的信息资源，包括文本、图片、音频、视频等，以数字形式存储和处理，实现了信息的数字化。

2. 网络化的信息传播和共享

数字图书馆利用计算机网络，如互联网，使用户可以方便地通过网络进行信息检索、查询和获取，实现了信息的网络化传播和共享。

3. 跨地理位置和物理形态的访问

数字图书馆不受地理位置和物理形态的限制，用户可以在任何时间、任何地点通过网络访问数字图书馆的信息资源。

4. 多样化的信息资源管理

数字图书馆不仅包含了图书、期刊等传统文献资源，还涵盖了各种形式的数字化资料，如电子书籍、数字化档案、在线期刊等。

5. 满足用户的信息需求

数字图书馆以用户为中心，旨在满足用户在全球信息网络上的信息需求，提供便捷、高效的信息服务。

总的来说，数字图书馆通过数字化技术和网络技术的应用，将传统图书馆中的信息资源转化为数字形式，并通过网络实现了信息资源的存储、管理、检索和传播，为用户提供了全新的信息获取方式和体验，是现代信息社会中重要的信息组织和服务平台。

（二）数字图书馆的特征

虽然人们从不同的角度去认识数字图书馆，给数字图书馆下了不同的定义，但是不论怎样定义，数字图书馆都具备以下几个基本特征。

1. 信息资源数字化

无论是从何种角度去理解数字图书馆，其基本特征都围绕着信息资源的数字化展开。这意味着数字图书馆会利用现代信息技术和网络通信技术，将各种传统介质的文献、资料等信息资源进行数字化处理。这一过程包括将书籍、期刊、档案、图片、音视频等形式的信息内容转化为数字形式，并进行压缩、编码等处理，使其能够在计算机系统中存储、管理和传播。信息资源的数字化是数字图书馆得以建立和发展的基础，也是其最根本的特征之一。因为只有通过数字化，数字图书馆才能够实现信息资源的高效利用、全球范围内的访问和共享，从而为用户提供便捷、丰富的信息服务。

2. 信息传递网络化

信息传递的网络化是数字图书馆的另一个重要特征，它使得各种信息可以通过网络进行传递和共享。这意味着用户可以通过网络访问到各个数字图书馆所提供的信息资源，无论这些图书馆位于何处。这种网络化的信息传递使得用户可以跨越时空的限制，随时随地获取所需的信息，满足其日益增长的信息需求。此外，信息传递的网络化还促使数字图书馆在信息交流、共建共享方面更加标准化和规范化，使得不同数字图书馆之间的信息交换更加便捷高效。数字图书馆通过网络化的信息传递，既展现了资源和服务的无限可能性，又实现了跨地域、跨国界的资源共建与共享，进一步推动了数字图书馆事业的发展和普及。

3. 信息提供知识化

信息提供知识化是数字图书馆的又一重要特征，它通过将各种来源的信息进行有机组织和动态分析，为用户提供高效的服务。在数字图书馆中，图书、期刊、照片、声像资料、数据库、网页和多媒体资料等各种信息来源被组织成知识单元，使得用户可以更加方便地获取和利用这些信息。与此同时，数字图书馆还通过自动标引、元数据和内容检索等方式，将这些信息进行知识化处理，使用户能够更加准确地找到所需的信息资源。这种知识化的信息服务不仅提高了用户获取信息的效率，还为用户提供了更加个性化、智能化的信息检索和浏览体验。通过信息提供的知识化，数字图书馆能够更好地满足用户的信息需求，促进用户对知识的获取和利用，从而推动数字图书馆在数字化时代的发展。

二、数字图书馆的架构与组成

（一）数字资源建设

数字资源建设是数字图书馆架构与组成中的关键部分，它涉及到数字化处理各种信息资源、建立数字化数据库及构建数字化平台等方面。

数字资源建设的第一步是对各种信息资源进行数字化处理，包括将传统的纸质文献、图书、期刊、照片、地图、音频、视频等多种形式的信息资源转化为数字形式。这个过程涉及到扫描、数字化编辑、文本识别、图像处理等技术，以确保数字化后的信息资源具有高质量和高可用性，以建立数字化数据库。这些数据库存储着经过数字化处理的各种信息资源，并提供检索、浏览和访问功能。数字化数据库的建立需要考虑到数据库的结构设计、数据存储和管理、检索算法和用户接口等方面，以确保用户能够方便快捷地获取所需的信息。

数字资源建设还需要构建数字化平台，为数字图书馆的运行提供技术支持和服务保障。这包括硬件设备的配置、网络基础设施的建设、软件系统的开发和集成等方面。数字化平台需要具备高性能、高可靠性和高安全性，以确保数字图书馆能够稳定运行并提供优质的服务。

在数字资源建设过程中，需要遵循一系列的标准与规范，以确保数字化处理和数字化平台的质量和效率。这些标准与规范涵盖了数字化处理的技术标准、数据格式标准、数据库管理标准、网络安全标准等方面，旨在统一数字资源建设的实践，提高数字图书馆的整体水平和竞争力。数字资源建设不是一次性的任务，而是一个持续进行的过程。数字图书馆需要定期更新和维护数据库和数字化平台，以适应信息资源的持续积累和技术的不断更新。这包括对数字化数据库的内容进行更新、对数字化平台的功能进行扩展和改进、对硬件设备和软件系统进行升级和维护等方面。

通过数字资源建设，数字图书馆能够充分利用现代信息技术和网络通信技术，实现信息资源的数字化、网络化和知识化，为用户提供高效便捷的信息服务，促进数字图书馆在数字化时代的发展。

（二）数字资源组织与管理

数字资源组织与管理首先涉及到对数字化资源的分类、编目和整理，以便用户能够方便地检索和访问所需信息。通过建立系统化的分类体系和元数据标准，数字资源可以按照主题、内容、格式等方面进行组织和管理，使用户能够快速准确地找到所需的信息资源。

数字资源组织与管理还包括对数字化资源的存储、备份和维护。由于数字资源通常以电子形式存在，因此需要合理规划存储空间、建立有效的数据备份机制，以防止数据丢失或损坏。同时，对数字化资源进行定期的维护和更新也是必要的，以确保资源的完整性、可用性和长期保存性。

对于一些受版权保护的数字化资源，数字图书馆需要制订相应的访问策略和权限控制措施，以保护知识产权和维护作者的合法权益。同时，数字图书馆还需要关注用户隐私和信息安全等方面的问题，采取必要的措施确保用户的信息安全。数字图书馆需要通过各种途径和渠道向用户推广数字化资源，提高用户的使用率和满意度。这包括开展数字资源的培训和宣传活动，建立用户反馈机制，不断改进数字资源的质量和服务水平，以满足用户不断增长的信息需求。

（三）数字资源服务系统

数字资源服务系统是数字图书馆中至关重要的一部分，它为用户提供了访问、检索和利用数字化资源的平台和工具。该系统通常由以下几个组成部分构成：

1. 检索接口

数字资源服务系统提供了用户界面，使用户能够通过搜索引擎或检索界面轻松地查找所需的数字资源。检索接口通常支持关键词搜索、高级检索、浏览功能等，以满足用户不同的检索需求。

2. 资源访问

该系统通过网络提供了对数字化资源的访问功能，用户可以通过网络浏览器或专门的客户端程序访问和浏览数字化资源，包括文本、图片、音频、视频等多种类型的资源。

3. 数字化资源管理

数字资源服务系统对数字化资源进行管理，包括资源的存储、组织、分类、标注、描述等。通过管理系统，管理员可以对数字资源进行管理和维护，确保资源的完整性、可用性和长期保存性。

4. 用户管理

该系统还包括用户管理功能，允许用户注册、登录、个人信息管理等操作。用户可以通过个人账户保存检索历史、收藏感兴趣的资源、设置检索偏好等。

5. 权限控制

数字资源服务系统实现了对资源的权限控制，确保用户按照权限访问资源。这包括访问控制、下载控制、复制控制等，以保护知识产权和维护资源的合法使用。

6. 统计与分析

系统还提供了对用户访问行为、资源使用情况等数据的统计与分析功能，帮助管理员了解用户需求，优化资源管理和服务策略。

7. 反馈与评价

用户可以通过系统提供的反馈和评价功能向管理员提供意见和建议，帮助改进系统的功能和服务质量。

（四）数字图书馆基础设施

数字图书馆的基础设施是支撑其正常运行和服务用户的物理和技术设备，包括硬件设备、网络设施及相关软件和系统。

1. 服务器和存储设备

数字图书馆需要强大的服务器和存储设备来存储和管理大量的数字化资源。这些服务器通常采用高性能的硬件配置，包括大容量的硬盘、高速的处理器和足够的内存，以确保资源的安全存储和快速访问。

2. 网络设施

数字图书馆需要稳定和高速的网络连接，以确保用户可以随时随地访问数字化资源。这包括局域网（LAN）、广域网（WAN）及互联网接入，以及相应的网络设备和安全措施，如路由器、交换机、防火墙等。

3. 数据中心

为了保障数字资源的安全性和可用性，数字图书馆通常会建立专门的数据中心，用于托管服务器和存储设备。数据中心通常具备良好的环境控制、供电系统和安全设施，以确保设备的稳定运行和数据的安全存储。

4. 数字化设备

数字图书馆需要一系列的数字化设备，用于将传统的纸质文献、影像资料等转化为数字化资源，包括扫描仪、数字相机、文档摄影机等，以及相关的图像处理软件和 OCR（光学字符识别）技术。

5. 数据库管理系统

为了管理数字化资源的元数据和索引信息，数字图书馆通常会采用数据库管理系统（DBMS），如 MySQL、Oracle 等。这些系统可以存储和管理数字化资源的描述信息、标注信息、检索索引等，以支持用户的检索和浏览。

6. 安全备份和恢复系统

为了防止数据丢失和灾难发生，数字图书馆通常会建立安全备份和恢复系统。这包括定期备份数据、建立冗余存储、实施灾难恢复计划等，以确保数据的安全和可靠性。

7. 监控和管理工具

为了有效地监控运行状态和资源利用情况，数字图书馆通常会使用监控和管理工具，如系统监控软件、性能分析工具、资源管理系统等，并配备相应的运维团队和流程。

数字图书馆基础设施是数字化资源服务的物质基础，其稳定性、安全性和可靠性直接影响着数字图书馆的服务质量和用户体验。因此，建立健全的基础设施是数字图书馆发展和运营的重要保障。

三、现代图书馆数字化资源建设与管理策略

在当今信息时代，数字化资源已经成为图书馆服务和发展的核心支撑。为满足用户日益增长的数字资源需求，现代图书馆必须重视数字化资源的建设与管理，制订科学合理的策略，不断提升服务水平。

（一）数字化资源采集策略

数字化资源采集是建设过程的基础环节。图书馆应当根据馆藏发展政策和用户需求，制订全面的采集策略，包括采集对象、范围、方式和标准等：在采集对象方面，应当重点关注学术文献、教学资源、历史文化资源等，并适当涵盖其他有价值的数字资源；在采集范围方面，既要涵盖本地特色资源，也要关注国内外优质资源；在采集方式方面，除了购买外，还可以自建、引进开放获取资源等；在采集标准方面，需要制订资源质量、格式、版权等评估标准。

（二）数字化资源组织策略

对采集的海量数字资源进行科学组织和管理，是保障有效利用的关键。图书馆需要建立统一的元数据标准和规范，对资源进行标准化的编目、分类和主题组织，以实现资源的快速检索和发现。同时，要探索利用知识组织系统、（这是一种理论而非技术）等新兴技术，提高资源组织的智能化和精细化水平。此外，图书馆还需要建立数字资源的长期保存策略，选择合适的存储介质和保存格式，确保资源的长期可访问性和可持续利用。

（三）数字化资源服务策略

为用户提供高质量的数字资源服务是图书馆的根本目标。图书馆应当构建集成化的数字资源服务平台，实现资源的一站式检索、浏览和获取。同时，要根据不同用户群体的特点，提供个性化、智能化的推送和咨询服务，主动满足用户的信息需求。此外，还需要加强数字资源利用的宣传和培训，提高用户的资源利用能力，促进资源的充分利用。

（四）数字化资源管理策略

数字化资源管理是一项系统性工程，需要图书馆制订全面的管理策略：在资源管理机构和人员方面，要建立专门的数字资源管理部门，配备专业的管理人员；在资源管理流程方面，要制订标准化的采集、组织、服务和保存流程，实现

资源管理的规范化；在资源管理评价方面，要建立定期评价机制，对资源的质量、利用率和服务效果进行评估，持续改进资源管理工作。

（五）数字化资源合作策略

数字资源建设是一项系统工程，需要图书馆之间加强合作与资源共享。图书馆可以建立区域性、行业性的资源共建共享联盟，实现资源的互通互享；也可以与出版商、内容提供商等建立战略合作关系，获取更多优质资源；同时还要积极参与国家和国际层面的数字资源建设项目，提升资源建设的广度和深度。

总之，现代图书馆在数字化资源建设与管理过程中，需要根据自身发展需求和用户服务要求，制订切实可行的资源采集、组织、服务、管理和合作等全方位策略，充分发挥数字资源在学习、科研和文化传播中的重要作用，不断提升图书馆的服务能力和社会影响力。

四、数字图书馆服务创新

数字图书馆服务创新是指数字图书馆在服务模式、内容呈现、用户体验等方面不断探索和尝试新的方法和技术，以更好地满足用户需求、提升服务质量和效率。在数字化时代，数字图书馆不仅要传承传统图书馆的服务理念和职能，还需要适应新的技术和用户需求，不断进行创新，提供更加多样化、便捷化、个性化的服务。

传统的图书馆服务主要是面对面的实体服务，而数字图书馆则通过互联网和移动端等数字化平台提供在线服务。数字图书馆可以通过建立在线资源库、数字展览馆、虚拟图书馆等形式，实现全天候、跨地域的服务，用户可以随时随地通过网络获取到所需的信息资源。

数字图书馆可以通过数字化技术将传统的纸质文献、图片、音视频资料等转化为数字化资源，并利用多媒体、交互式展示等技术手段进行呈现，使用户能够以更加直观、生动的方式获取信息。同时，数字图书馆还可以利用数据挖掘、人工智能等技术对大数据进行分析和处理，为用户提供个性化的信息推荐和定制化的服务。

数字图书馆可以通过界面设计、搜索引擎优化、用户反馈等方式改善用户界面和交互体验，提升用户对服务的满意度和使用体验。同时，数字图书馆还可以通过建立在线社区、开展线上活动、提供在线咨询等方式增强用户参与感，促进用户与图书馆的深度互动和交流。

通过不断探索和创新，数字图书馆可以更好地适应用户需求变化、提升服务水平，实现数字化转型和可持续发展。随着科技的不断进步和用户需求的不断演变，数字图书馆服务创新也将不断深化和拓展，为用户提供更加丰富、便捷、个性化的服务。

第二节 图书馆的虚拟服务与远程访问

一、虚拟服务概述

（一）虚拟服务的定义和特征

虚拟服务是利用现代信息技术，通过网络平台或数字化渠道向用户提供服务的一种形式。与传统的实体服务相比，虚拟服务具有更强的数字化特征和在线化操作，用户可以通过网络直接访问并享受服务，无须前往实体场所或与服务提供者面对面交流。

虚拟服务具有几个主要特征。首先，虚拟服务具有网络化特征，即服务通过网络平台进行传递和交流，用户可以随时随地通过网络访问和利用服务，具有便捷性和灵活性。其次，虚拟服务具有数字化特征，即服务内容以数字化形式存在，如电子文档、在线课程、数字媒体等。用户可以通过数字化工具进行获取和利用，具有高效性和智能化。再次，虚拟服务具有个性化特征，即服务可以根据用户的需求和偏好进行订制和个性化提供，满足用户多样化的需求和期待。最后，虚拟服务具有互动性特征，即用户可以与服务提供者进行实时或异步的交流和互动，进行信息查询、问题解答、意见反馈等，实现用户与服务提供者之间的互动与沟通。

（二）图书馆虚拟服务的形式

图书馆虚拟服务是利用互联网和数字化技术为用户提供的一系列在线服务形式，旨在满足用户在信息与知识获取和学习培训等方面的需求。

1. 在线参考咨询服务

在线参考咨询服务是指用户通过网络平台与图书馆的信息专家进行实时或异步的在线咨询和问答交流，以解决信息检索、学术研究、参考咨询等方面的问题。用户可以通过图书馆网站或在线聊天工具向图书馆的参考咨询员提出问题，咨询员根据用户的需求和情况提供相关的信息资源、检索技巧和参考资料，帮助用户解决问题和开展研究工作。

在线参考咨询服务的优点在于方便快捷、及时高效，用户无须前往图书馆现场，即可随时随地获取专业的参考咨询服务。图书馆可以通过建立在线咨询平台、培养专业的参考咨询员队伍、提供专业化的咨询培训，提升在线参考咨询服务的质量和水平。

2. 虚拟课程与培训服务

虚拟课程与培训服务是指图书馆利用网络教育平台、在线学习系统等数字化工具，为用户提供各类专业知识、技能培训和学习资源的服务。这些虚拟课程包括信息素养培训、学术写作指导、文献检索技巧、数字资源利用方法等内容，涵盖了图书馆用户在信息素养、学术研究、职业发展等方面的各种需求。

虚拟课程与培训服务的优点在于灵活多样、自主学习，用户可以根据自身需求和时间安排自由选择课程内容和学习进度，提高了学习效率和自主性。图书馆可以通过与教育机构合作、引入优质教育资源、开发订制化课程等方式，丰富虚拟课程与培训服务的内容和形式，满足用户的学习需求。

3. 电子展览与虚拟导览

电子展览与虚拟导览是指图书馆利用数字化技术和虚拟现实技术，为用户提供在线浏览图书馆藏品、展览和文物的服务。通过数字化展览平台、虚拟导览等工具，用户可以在网上参观图书馆的展览和藏品，了解展览主题、展品信息和展览布局，获得感官和智力的双重享受。

电子展览与虚拟导览的优点在于开放自由、全方位展示，用户无须到实体展览现场，即可随时浏览和参观图书馆的展览和馆藏，拓展了用户的参观范围和体验方式。图书馆可以通过数字化展览策划与设计、虚拟导览应用开发与推广等措施，丰富电子展览与虚拟导览的内容和形式，提升用户的满意度。

4. 社交媒体互动服务

社交媒体互动服务是指图书馆利用社交媒体平台（如微博、微信、Facebook等）与用户进行在线互动、信息传递和服务推广的活动。通过发布图书馆新闻、活动通知、资源推荐、文化推广等内容，图书馆可以与用户建立互动关系，增强用户对图书馆的关注和参与。

社交媒体互动服务的优点在于传播广泛、互动性强，用户可以通过社交媒体平台随时了解图书馆的动态和服务信息，并与图书馆进行即时互动。图书馆可以通过建立健康活跃的社交媒体账号、定期发布优质内容、开展互动活动等方式，加强与用户的沟通与交流，提升图书馆的社会影响力和品牌形象。

二、图书馆虚拟服务的实施策略

（一）虚拟服务平台的构建

虚拟服务平台是指为了实现图书馆虚拟服务目标，搭建起的一个在线服务平台。该平台为用户提供各类虚拟服务，包括在线参考咨询、虚拟课程培训、电子展览导览等。构建虚拟服务平台是实施图书馆虚拟服务的基础和关键步骤。

在构建虚拟服务平台之前，图书馆需要对用户的需求进行调研和分析，了解用户对虚拟服务的需求和期待，明确虚拟服务平台所需具备的功能和特点。通过用户调研，图书馆可以了解用户的使用习惯、偏好和诉求，为虚拟服务平台的设计和功能设置提供指导和依据。

基于用户需求调研结果，图书馆可以进行虚拟服务平台的设计和功能规划。平台设计应考虑用户界面友好性、操作便捷性、信息展示清晰等方面，提供良好的用户体验。功能规划应根据用户需求确定平台所提供的服务项目和功能模块，包括在线参考咨询、虚拟课程培训、电子展览导览等，确保平台能够满足用户的多样化需求。

在平台设计和功能规划确定后，图书馆需要进行技术支持和平台建设工作。这包括选择合适的技术方案和开发工具，建设稳定可靠的服务器和网络环境，开发和定制符合需求的平台系统和应用程序等。同时，还需要配备专业的技术团队和开发人员，确保平台的设计和建设质量，满足用户的使用需求。

构建虚拟服务平台不仅需要考虑技术支持和平台建设，还需要重视内容建设和资源整合。图书馆需要积极开展数字化资源建设工作，包括数字化文献、在线课程、虚拟展览等内容的制作和整合，丰富平台的服务内容和资源库，提升平台的吸引力和竞争力。同时，还需要加强与相关机构和合作伙伴的合作，实现资源的共建共享。

（二）虚拟服务人员的培养

虚拟服务人员是指负责运营和管理图书馆虚拟服务平台，并为用户提供在线咨询、课程培训、导览展览等服务的专业团队。他们需要具备信息素养、服务意识和技术能力。

在进行虚拟服务人员的培养之前，图书馆需要明确培养的目标和要求。这包括确定虚拟服务人员所需具备的技术能力、专业知识和服务技能等，以及培养目标的阶段性和终极性目标，为后续的培养工作提供指导和依据。基于培养目标，图书馆可以制订相应的虚拟服务人员培训计划。培训计划应包括培训内容、培训方式、培训时间表等具体安排，针对不同岗位和职责的虚拟服务人员制订相应的培训计划，确保培养工作有针对性。

虚拟服务人员需要具备一定的技术能力，包括网络技术、数字化技术、信息检索技巧等方面的知识和技能。因此，图书馆可以组织相关的技术培训和实践操作，包括网络安全、系统操作、数据管理等内容，让虚拟服务人员熟悉和掌握相关的技术工具和操作方法。除了技术培训，虚拟服务人员还需要具备一定的专业知识和服务意识。图书馆可以开展相关的专业知识培训和学习交流活动，包括信息服务理论、用户需求分析、服务规范等，提高虚拟服务人员的专业水平和服务能力。为了提高虚拟服务人员的实践能力和服务经验，图书馆可以安排实践锻炼和岗位轮换的机制。通过参与实际的虚拟服务项目和案例分析，图书馆可以让虚拟服务人员积累实践经验和提升服务能力，同时可以安排岗位轮换，让虚拟服务人员在不同岗位和职责间进行交流和学习，拓宽视野和提升综合能力。

（三）虚拟服务的营销与推广

虚拟服务的营销与推广是确保服务能够被广泛知晓并被用户接受的重要步骤。有效的营销与推广策略可以提升虚拟服务的曝光度、吸引用户参与，并促进服务的持续改善。

首先，图书馆应该制订一份详细的虚拟服务营销计划，明确目标用户群体、营销策略、推广渠道和时间表。该计划应该根据用户需求和行为习惯，确定适合的营销方法和推广活动，以确保达到最佳的宣传效果。图书馆可以通过设计专属的虚拟服务标识、宣传海报、网站页面等来建立品牌形象，突出服务特色和优势，增强用户对服务的认知和信任。一个独特而有吸引力的品牌形象能够让用户更容易记住并与服务产生联系。

为了让更多的用户了解和使用虚拟服务，图书馆可以采用多种渠道进行宣传推广，包括但不限于：官方网站、社交媒体平台、电子邮件通知、校园公告栏、线下宣传活动等，利用多渠道宣传推广可以覆盖更广泛的用户群体，提高服务的曝光率和知晓度。定期推出各种类型的活动和促销活动是吸引用户参与的有效方式。这些活动可以包括免费试用、特别优惠、抽奖活动、线上讲座等，通过提供有吸引力的福利和内容来吸引用户的关注和参与，提升用户对虚拟服务的认知。

及时收集用户的反馈和建议，并根据用户的需求和意见不断改进和优化服务质量，同时鼓励用户分享自己的体验和感受，利用用户的口碑来进行推广。良好的用户反馈和口碑将有助于增强虚拟服务的信誉和影响力，吸引更多用户的参与和支持。图书馆应该持续监测和评估虚拟服务的营销效果和用户反馈，及时调整和优化营销策略和推广活动，通过不断的学习和改进，提高营销效率和服务质量，为用户提供更加优质的虚拟服务体验。

（四）虚拟服务的质量评估

对于图书馆的虚拟服务而言，质量评估是确保服务效果和用户满意度的重要手段。通过定期对虚拟服务进行评估，图书馆可以发现问题、改进服务，并提升用户体验。

定期开展用户满意度调查是了解用户对虚拟服务的态度和感受的重要途径。图书馆可以通过在线问卷调查、用户反馈收集等方式，向用户询问他们对虚拟服务的满意度、使用频率、服务质量等方面的意见和建议。根据用户的反馈，图书馆可以及时调整和改进服务，提高用户的满意度和忠诚度。

除了用户满意度调查，图书馆还可以通过评估虚拟服务的服务效果来衡量服务质量。这包括服务覆盖率、服务响应速度、服务准确性、服务完整性等方面的指标。图书馆可以通过数据分析、服务日志记录等方式，定量地评估虚拟服务的运行效果，并及时发现和解决存在的问题。制订一套科学合理的服务质量标准是评估虚拟服务质量的重要基础。图书馆可以根据国内外相关标准和行业规范，制订适合自身实际情况的虚拟服务质量标准体系，明确各项服务指标和评价方法，并将其作为评估虚拟服务质量的依据。进行对比分析和案例研究是评估虚拟服务质量的另一种有效方法。图书馆可以参考其他同类机构的虚拟服务经验和做法，借鉴其成功经验和教训，为自身的虚拟服务提供参考，同时也可以通过案例研究的方式，深入分析和评估虚拟服务的具体运行情况和效果，发现问题并提出改进建议。

图书馆应该将虚拟服务质量评估作为一个持续改进的过程，根据评估结果及时调整和优化虚拟服务的运行机制和服务流程，提高服务的效率和质量，同时也要不断关注用户的需求和反馈，积极采纳用户的建议，为用户提供更加优质的虚拟服务体验。

三、图书馆远程访问服务

（一）远程访问的概念和优势

远程访问服务是指用户无须到图书馆现场，通过互联网等远程方式即可获取图书馆资源和服务的一种服务模式。它的优势主要体现在以下几个方面：

便捷性：用户无须前往图书馆实体场所，只需通过网络就能够随时随地访问图书馆的资源和服务，极大提高了用户的使用便捷性。

灵活性：远程访问服务可以根据用户的个人时间安排和需求进行灵活调整，不受地域和时间的限制，使用户能够自由选择合适的时间和地点进行信息获取和学习。

资源丰富：通过远程访问服务，用户可以获取到图书馆的数字资源，包括电子图书、期刊论文、数据库等，而这些资源通常是图书馆在实体馆藏之外额外提供的。

跨平台适用：远程访问服务通常是基于互联网的，用户可以使用各种终端设备进行访问，包括个人电脑、平板电脑、智能手机等，无论在何种设备上都可以享受到图书馆的服务。

节约成本：对于用户而言，远程访问服务省去了前往图书馆的时间和交通费用，对于图书馆而言，也节约了维护实体馆藏和场所的成本，实现了资源的最大化利用。

提高服务覆盖率：通过远程访问服务，图书馆可以将服务扩展到更广泛的用户群体，包括地理位置偏远或无法前往图书馆的用户，提高了服务的覆盖范围和社会影响力。

远程访问服务在提高服务便捷性、灵活性和资源利用率方面具有显著优势，能够满足用户多样化的信息需求，是图书馆现代化服务的重要组成部分。

（二）远程访问系统的架构

远程访问系统的架构是指为实现用户远程访问图书馆资源和服务而设计的系统结构和组件，其主要目标是提供稳定、安全、高效的远程访问服务。以下是远程访问系统常见的架构要素：

1. 用户界面（UI）

用户界面是用户与远程访问系统进行交互的窗口，通常是通过网页、移动应用或客户端等形式呈现。用户界面设计应简洁友好，提供清晰的操作指引和功能入口，方便用户进行资源检索、浏览和使用。

2. 身份认证与授权模块

身份认证与授权模块负责对用户进行身份验证，确保只有合法用户才能访问系统的资源和服务。常见的身份认证方式包括用户名密码验证、单点登录（SSO）、双因素认证等，授权模块则根据用户身份和权限级别控制用户对资源的访问权限。

3. 资源管理与检索引擎

资源管理与检索引擎负责管理和索引图书馆的各类资源，包括图书、期刊、论文、数据库等。它通过建立资源库和索引系统，提供高效的资源检索功能，让用户可以快速准确地找到所需的信息资源。

4. 访问控制与安全策略

远程访问系统需要采取一系列访问控制和安全策略，确保用户数据和系统资源的安全性和保密性。这包括对用户访问行为的监控与审计，引入加密通信、防火墙与入侵检测等安全措施，以防范各类网络安全威胁。

5. 数据传输与存储

数据传输与存储模块负责处理用户请求并向用户提供服务，包括数据传输、存储、缓存等。为了保证远程访问服务的稳定性和性能，图书馆需要采用高速、可靠的网络传输技术，并配备适当的存储设备和容量。

6. 反馈与支持系统

反馈与支持系统为用户提供技术支持和服务反馈渠道，包括在线文档、客服咨询、问题反馈等功能。它可以及时响应用户的和需求，提供专业的技术支持和解决方案，提高用户的满意度。

7. 系统监控与性能优化

系统监控与性能优化模块负责对远程访问系统进行实时监控和性能优化，包括系统运行状态监测、性能指标收集、故障诊断与处理等功能，确保系统能够稳定高效地运行。

（三）远程访问资源的组织与服务

远程访问资源的组织与服务在图书馆战略中具有重要地位。

第一，图书馆需要明确远程访问的战略定位，将其纳入整体发展战略中。这包括确定远程访问服务的目标和定位，明确服务对象和服务范围，以及制订相应的发展策略和规划。

第二，图书馆需要制订远程访问资源的收集与整合策略。这包括通过购买商业数字资源、引入开放获取资源、建设数字化馆藏等方式，积极获取和整合各类数字资源，以丰富远程访问服务的内容和资源库。

第三，图书馆需要建立健全的远程访问服务平台。这包括选择适合自身需求的技术平台和系统架构，确保系统稳定、安全、易用，同时提供多样化的用户界面和功能，以满足不同用户群体的需求。

第四，图书馆应该制订远程访问资源的服务推广策略。这包括通过多种渠道进行宣传推广，提高服务的知名度和曝光率，吸引更多的用户使用远程访问服务。同时，还应该加强用户培训和技术支持，提升用户对远程访问服务的认知和使用能力。

第五，图书馆需要建立远程访问资源的质量评估和监测机制。这包括定期对远程访问服务进行用户满意度调查和服务效果评估，及时发现问题和改进措施，确保远程访问的服务质量。

远程访问资源的组织与服务需要在图书馆的整体战略框架下规划和实施，包括制订收集与整合策略、建立服务平台、推广服务、评估监测等方面的策略，以实现远程访问服务的效果。

第三节　社交媒体与用户参与

一、社交媒体在图书馆服务中的作用

（一）社交媒体的概念和特点

社交媒体是指基于互联网和移动通信技术，以用户生成内容为主要特征，实现用户之间互动和信息共享的在线平台。其特点包括以下几个方面：

1.社交媒体的内容主要由用户自行创造和分享，包括文字、图片、视频等形式。用户可以通过发布状态、发表评论、上传图片和视频等方式，表达自己的观点、分享自己的经验和生活，从而形成丰富多样的内容。

2.社交媒体强调用户之间的互动和交流，用户可以通过关注、点赞、评论等方式与他人进行互动，建立社交关系和社群。这种互动模式有助于促进用户之间的交流和合作，增强用户的参与感和归属感。

3.社交媒体具有即时性和实时性的特点，用户可以随时随地发布和获取信息，与他人进行即时的互动和反馈。这种特点使得社交媒体成为了信息传播和沟通交流的重要渠道，极大地丰富了用户的社交体验。

4.社交媒体支持多种形式的内容表达，包括文字、图片、视频、音频等，满足了用户对不同类型内容的需求和偏好。这种多样化的内容形式有利于吸引用户的注意力，提升信息传播的效果和影响力。

5.社交媒体平台通常是开放的，允许用户自由注册和使用，同时也支持用户之间的信息共享。用户可以将感兴趣的内容分享给他人，扩大信息的传播范围，形成信息流动的网络。

（二）社交媒体在图书馆中的应用价值

1. 社交媒体为图书馆提供了一个与用户互动和沟通的平台

通过在社交媒体上建立官方账号和页面，图书馆可以及时向用户发布图书馆活动、资源推荐、服务更新等信息，并与用户进行互动和交流，增强用户对图书馆的认知和参与度。

2. 社交媒体为图书馆提供了一个宣传和推广的渠道

图书馆可以通过在社交媒体上发布精彩的内容，吸引更多的用户关注和参与，提升图书馆的知名度和影响力。同时，社交媒体上的用户分享和转发也能够提升宣传效果，让更多的人了解和关注图书馆。

3. 社交媒体还为图书馆提供了一个获取用户反馈和意见的平台

通过在社交媒体上发布调查问卷、开展话题讨论等活动，图书馆可以了解用户对服务和资源的需求和评价，及时调整和改进图书馆的服务，提高用户满意度。

4. 社交媒体还可以作为图书馆开展读者教育和信息素养培训的平台

图书馆可以通过发布阅读推荐、知识科普等内容，引导用户进行有意义的阅读和学习，提升用户的信息素养。同时，图书馆还可以开展线上读书会、讲座等活动，促进用户之间的交流和分享。

二、图书馆社交媒体营销策略

（一）社交媒体渠道选择

图书馆社交媒体营销策略的成功在很大程度上取决于选择合适的社交媒体渠道。在选择社交媒体渠道时，图书馆需要考虑以下几个方面：

1. 目标用户群体

首先要明确目标用户群体的特征和偏好，以确定选择哪些社交媒体平台。不同的社交媒体平台有着不同的用户群体和特点，如聊天类社交媒体平台适合与用户进行一对一沟通，内容类社交媒体平台则适合图片和视觉类内容的展示。

2. 平台流行度和影响力

需要考察各个社交媒体平台的影响力，选择那些用户活跃度高、覆盖面广、对图书馆推广有利的平台。例如，选择用户量大、受众广泛的社交媒体平台，能够扩大图书馆的影响力和曝光度。

3. 内容类型和特点

不同的社交媒体平台对内容类型和形式有不同的要求和限制，因此需要根据图书馆的服务特点和宣传需求，选择适合发布的内容类型和形式的平台。

4. 平台功能和工具

图书馆应考虑社交媒体平台的功能和工具是否能够满足图书馆的营销需求。例如，一些平台提供了付费推广、精准定位广告、数据分析等功能，能够帮助图书馆更好地实施营销策略和提升监测效果。

（二）内容策略与内容创作

图书馆社交媒体营销的成功离不开强大的内容策略和创作。在制订内容策略时，首先需要明确目标受众群体，并了解他们的兴趣、需求和行为习惯。这有助于确定合适的内容类型和形式，以吸引目标受众的注意力。

一种有效的内容策略是将内容类型多样化。这包括但不限于图书馆资源的推广，如新书推荐、藏书特色介绍、阅读推荐等。此外，还可以结合当下热门话题或事件，举办线上读书会、专题讲座或展览。这些多样化的内容形式，可以吸引不同兴趣和需求的用户，提升社交媒体的互动性和吸引力。

内容创作也需要注重信息的质量和独特性。内容应当具有实用性、趣味性和专业性，以确保用户愿意持续关注和参与。这可能涉及对图书馆资源的深度挖掘和专业解读，或者是与其他领域的专家合作，提供独家内容。同时，内容的及时性也很重要，及时更新图书馆活动、服务和资源信息可以保持用户的关注度和参与度。

除了发布内容外，还要积极回应用户的评论、提问和反馈，建立良好的互动关系。这有助于增强用户的参与感和归属感，提升社交媒体平台的活跃度和用户忠诚度。

（三）用户互动与参与机制

用户互动与参与机制是图书馆社交媒体营销中至关重要的一环，它能够促进用户与图书馆之间的积极互动，增强用户的参与感和忠诚度。

1. 评论和回复互动

鼓励用户在社交媒体平台上评论、提问和分享意见，并及时回复用户的评论和问题。这种直接的互动可以建立起良好的沟通氛围，增强用户对图书馆的信任感和满意度。

2. 话题讨论和投票

定期组织与图书馆相关的话题讨论或投票活动，邀请用户参与。这不仅可以促进用户之间的交流和互动，还能够收集用户的意见和建议，为图书馆的服务和活动设计提供参考。

3. 用户生成内容活动

鼓励用户分享与阅读、学习或图书馆相关的内容，如阅读心得、书摘、图片等，同时可以设立相关的话题标签或主题活动，以增加用户参与的积极性和活跃度。

4. 线上活动和挑战

举办各类线上活动，如阅读挑战、书摘比赛、文学作品征集等。这些活动可以吸引用户的注意力，提升用户对图书馆的参与度和忠诚度。

5. 奖励机制

为积极参与社交媒体活动的用户设立奖励机制，例如抽奖活动、积分兑换或优惠券发放等。这可以激励用户积极参与，同时也增加用户对图书馆的忠诚度和品牌认知度。

通过以上机制，图书馆可以有效地与用户进行互动，增强用户对图书馆的归属感和忠诚度，同时也提升了社交媒体平台的活跃度和影响力。

（四）社交媒体影响力评估

社交媒体影响力评估是衡量图书馆在社交媒体平台上活动效果的重要手段，可以帮助图书馆了解其在社交媒体上的表现情况，指导后续的营销策略和活动优化。以下是一些常见的社交媒体影响力评估指标：

1. 关注者数量是衡量图书馆在社交媒体上影响力的基本指标之一。关注者数量的增长反映了图书馆在社交媒体上的知名度和吸引力的提升。

2. 互动量，包括点赞、评论、转发等用户对图书馆发布内容的积极参与程度。互动量的增加表明用户对图书馆内容的兴趣和参与度的提高。

3. 参与率是指互动量与发帖数量之比，可以更全面地反映用户对图书馆内容的参与程度，是衡量社交媒体活动效果的重要指标之一。

4. 曝光量指图书馆发布内容在社交媒体平台上被用户看到的次数。曝光量的增加表示图书馆在社交媒体上的影响力和知名度在扩大。

5.转化率是指用户在图书馆发布内容后在社交媒体平台上实际采取行动（如访问图书馆网站、借阅图书等）的比例。转化率的提高反映了图书馆社交媒体营销的有效。

6.监测用户对图书馆的评论、评价和分享，了解图书馆在社交媒体上的品牌声誉和口碑情况，有助于评估社交媒体活动对图书馆整体形象的影响。

综合以上指标，运营者可以对图书馆在社交媒体上的活动效果进行全面评估，发现问题并及时调整营销策略，以提升图书馆在社交媒体上的影响力。

三、用户参与式服务模式

（一）用户参与的概念和意义

用户参与式服务模式是指图书馆在服务过程中将用户置于更加主动的地位，充分借助用户的力量和智慧，完成服务的提供和改进。这一概念的出现源于对传统服务模式的反思，需要管理者认识到用户在信息时代的角色发生了深刻变化，他们不再只是被动的信息接受者，而是具有信息生产、分享和反馈能力的主体。

用户参与式服务模式的意义在于建立起图书馆与用户之间更加平等和互动的关系，实现用户的个性化需求和服务订制，提升服务的质量和效率。通过引入用户参与，图书馆可以更好地了解用户的需求和偏好，及时调整服务内容和形式，增强用户的满意度和忠诚度。

此外，用户参与式服务模式还有助于拓展图书馆的服务边界，促进用户之间的交流和合作，形成良好的社群氛围。通过用户参与，图书馆可以更好地实现其社会责任，推动信息共享和知识传播，促进社会文化的进步和发展。

（二）用户参与的形式

用户参与式服务模式可以通过多种形式来实现，以下是一些常见的用户参与形式：

用户建议和反馈：鼓励用户提出对图书馆服务的建议和意见，以及对现有服务进行反馈和评价。通过建立反馈渠道和机制，如在线表单、邮件反馈等，让用户参与到服务改进的过程中来。

用户志愿者服务：招募和培训用户志愿者，参与图书馆的各类服务活动，如书籍整理、活动策划、导览服务等。志愿者服务不仅可以增加图书馆的服务力量，还能够增强用户对图书馆的归属感和参与感。

用户参与活动和项目：组织各类用户参与的活动和项目，如读书会、讲座、展览等。用户可以参与到活动的策划、组织和执行中来，参与打造具有个性化和创意性的活动内容，增强参与度和满意度。

用户创作和分享：鼓励用户创作和分享与图书馆相关的内容，如阅读心得、书评、摄影作品等。可以通过建立线上平台或社交媒体渠道，让用户自由地分享自己的作品和经验，促进用户之间的交流和互动。

用户参与决策：建立用户参与决策的机制，让用户参与到图书馆政策、规划和项目的决策过程中来。可以通过用户代表、民意调查等方式，收集用户意见和建议，从而制订更加符合用户需求的发展策略和规划方案。

通过以上形式，图书馆可以更好地与用户进行互动和合作，实现服务的个性化和订制化，提升用户的满意度和忠诚度，促进图书馆的发展和进步。

（三）用户参与的管理策略

用户参与的管理策略是确保用户参与式服务模式有效运行的重要组成部分。明确的目标和期望是管理策略的基础。图书馆需要明确用户参与的目的，确定期望的结果，并与用户共享这些信息，以确保双方对参与的目标有清晰的认识。建立有效的沟通机制是至关重要的。图书馆应该建立多样化的沟通渠道，包括在线平台、定期会议和邮件反馈等，以便用户能够方便地提出建议、反馈问题和参与讨论。

在用户参与的过程中，提供适当的培训和支持也是关键。图书馆可以开展各种形式的培训活动，帮助用户掌握必要的技能和知识，以更好地参与到服务活动中来。此外，建立奖励和激励机制也可以有效地提升用户的积极性和参与度。给予用户物质奖励、荣誉证书或其他形式的认可可以增强用户的参与动力，鼓励用户增加对服务活动的投入。

图书馆应该制订指标定期监督和评估用户参与式服务模式的效果，包括参与率、用户满意度和活动效果等。根据评估结果，图书馆应及时调整管理策略和服务举措，以确保用户参与的持续性和有效性。最后，建立用户参与文化是长期发展的目标。通过教育宣传和相关活动，图书馆可以逐步培养起用户参与的观念，让用户认识到他们的参与对于图书馆的发展和服务质量至关重要，形成良好的参与氛围。

四、社交媒体与用户参与的创新

（一）新兴社交媒体平台的应用

随着社交媒体的不断发展，新兴社交媒体平台的应用成为了图书馆与用户互动的重要渠道。除了传统的微博、微信公众号等平台，像是抖音、快手和小红书等新兴社交媒体平台也开始受到图书馆关注。这些平台为图书馆提供了更多元化的内容传播和互动方式，如短视频分享、语音直播、话题讨论等。通过在新兴社交媒体平台上的活跃参与，图书馆可以更好地触达不同年龄和兴趣群体的用户，拓展用户范围，增加社交媒体影响力。

（二）用户生成内容的利用

用户生成内容是指用户自发创作、分享的内容，如书评、阅读心得、图片和视频等。图书馆可以充分利用用户生成内容，促进用户参与和互动。通过引导用户分享阅读体验、推荐书籍、参与话题讨论等，图书馆可以建立起具多样性的内容生态。同时，图书馆还可以通过用户生成内容了解用户需求和偏好，为后续的服务和活动提供参考和依据。

（三）众包模式

众包模式是一种基于网络平台的协作模式，通过向广大用户群体进行任务征集和信息收集，实现任务分配和结果反馈。在图书馆的应用中，众包模式可以用于各类任务的执行，如文献整理、数据标注、活动策划等。通过将任务开放给用户群体，图书馆可以快速高效地完成任务，减轻工作负担，同时也增强了用户的参与感和归属感。

（四）开放式创新与协同创新

开放式创新和协同创新是指将创新过程向外部群体开放，与外部合作伙伴共同进行创新活动。在图书馆的实践中，开放式创新和协同创新可以向用户、学校、企业等各类合作伙伴展开，例如，与学校合作举办读书活动，与企业合作开发数字化阅读工具等。通过开放式创新和协同创新，图书馆可以获得更多的创新思路和资源，提升服务水平和影响力。

总之，图书馆可以通过这些创新方式，打造更加开放、活跃、具有互动性的服务平台，提升用户参与度和满意度，推动自身的可持续发展。

第四章 现代图书馆服务质量评价与改进

第一节 服务质量理论与模型

一、服务质量理论

（一）服务质量的定义和重要性

服务质量是指服务提供者在服务过程中所提供的服务与用户期望或标准之间的符合程度。它不仅涉及服务的实质性内容，还包括服务的效率、可靠性、及时性、可接受性等方面。服务质量的重要性在于它直接关系到用户的满意度和忠诚度，是衡量服务提供者绩效的重要指标之一。

良好的服务质量可以提升用户的满意度。用户如果能够得到高质量的服务，满足需求和期望，就会感到满意，并愿意持续选择该服务提供者。其次，服务质量也影响着用户的忠诚度。用户对于服务质量的认可和满意程度，会影响他们是否愿意长期与该服务提供者保持良好的关系。高质量的服务往往能够增强用户的忠诚度，降低用户流失率，提升服务提供者的市场竞争力。此外，良好的服务质量还可以带来口碑效应。用户对于服务的满意度和体验会影响其口碑，从而吸引更多的潜在用户。良好的口碑能够为服务提供者带来更多的用户流量和业务机会。

（二）服务质量理论

1. 服务质量模糊理论

服务质量模糊理论提出了服务质量评价的主观性、多维性、不确定性和动态性等核心观点。首先，服务质量的主观性意味着用户对服务的评价是基于个人主观感受和期望的，因此不同用户可能会有不同的评价标准和偏好。这种主观性使得服务质量评价不像产品那样具有明确的标准和指标，而是受到个体因素的影响，呈现出一种模糊的状态。其次，服务质量的多维性表明服务质量涉及多个方面，如服务的及时性、专业性、友好性等，因此评价标准也是多样化的。这种多维性使得服务质量的评价更加复杂。同时，服务质量的不确定性和模糊性意味着评价过程中存在一定程度的不确定性，用户对于服务质量的评价往往受到多种因素的影响，难以准确而清晰地表达其需求和期望。最后，服务质量的动态性和变化性强调了服务质量评价是一个动态的过程，会受到用户心理状态、服务环境和外部因素的影响，会随着时间和情境的变化而变化。这种动态性使得服务提供者需要不断关注用户的反馈和需求变化，及时调整服务策略和措施，以提升用户的满意度和忠诚度。因此，服务质量模糊理论为理解和管理服务质量提供了新的视角和思路，强调了个体差异性、主观感受和需求的重要性，有助于服务提供者更好地满足用户的需求，提升服务质量和竞争力。

2. 服务质量期望理论

服务质量期望理论强调了用户的满意度是由其对服务的期望与实际感受之间的差距所决定的。在这一理论框架下，用户在接受服务之前会形成一定的服务期望，这些期望可以来源于过去的经验、口碑、广告宣传等因素。一旦用户接受了服务，他们会产生一种实际的服务感受，即用户真实的服务体验。而用户的满意度则取决于他们的服务期望与实际感受之间的一致程度。如果用户的实际感受与其期望一致或超出期望，则会倾向满意；反之，则会倾向不满意。这一理论强调了用户个体差异性，不同用户对于服务的期望和实际感受可能会有所不同，因此其满意度也会有所差异。同时，用户的服务期望和实际感受是随着时间和情境的变化而变化的，因此用户的满意度也是一个动态的过程。基于服务期望理论，服务提供者可以通过调整和管理用户的服务期望和实际感受之间的差距，来提升用户的满意度。这可以通过提高服务质量、改善沟通和信息披露等方式实现。服务质量期望理论为服务提供者提供了一种理解用户满意度形成机制的框架，并指导其如何通过管理服务期望和实际感受之间的差距来提升用户的满意度，从而增强竞争力和可持续发展能力。

3. 服务质量 Gap 理论

服务质量 Gap 理论，又称为"服务质量间隙模型"或"GAP 模型"，是由美国学者 Parasuraman、Zeithaml 和 Berry 在 1985 年提出的一种重要的服务质量理论。该理论主要探讨了用户期望与实际感受之间的差距（Gap），以及这些差距产生的原因。这一理论框架提出五个不同的 Gap，即 Gap 1 至 Gap 5。① Gap 1 指服务提供者对用户的期望与用户实际的期望之间存在的差距；② Gap 2 指服务提供者在制订服务质量标准和规范时，与实际的用户需求和期望之间存在的差距；③ Gap 3 指服务提供者在执行服务过程中，与制订的服务质量标准和规范之间存在的差距；④ Gap 4，指服务提供者在服务执行过程中，与用户之间的沟通和交流存在的差距；⑤ Gap 5，指用户实际感受到的服务质量与他们的期望之间的差距。这一理论强调了服务提供者需要关注用户的期望和实际感受，以及与用户之间的沟通和交流，进而使得服务质量满足用户的需求和期望。通过识别和解决这些 Gap，服务提供者可以提升服务质量，满足用户的需求，增强用户满意度，从而提升市场竞争力。服务质量 Gap 理论为服务提供者提供了一种管理工具，可以帮助他们识别和应对服务质量存在的差距，从而提升服务水平和用户满意度。

二、服务质量评价模型

（一）SERVQUAL 模型

SERVQUAL 模型是服务质量评价领域中最为知名和广泛应用的模型之一，由 Parasuraman、Zeithaml 和 Berry 于 1988 年提出。该模型基于顾客期望和实际感受之间的差距（Gap），旨在评估和改进服务质量。SERVQUAL 模型以五个维度来评价服务质量，分别是可靠性（Reliability）、反应性（Responsiveness）、保证性（Assurance）、同理心（Empathy）和可接近性（Tangibles），简称为 RATER 模型。

1. 可靠性（Reliability）

可靠性是指服务提供者能够在承诺的时间内提供准确、可靠的服务，并保持一致性。这包括了服务的可信性、可依赖性及提供准确信息的能力。例如，汽车维修服务提供者能够按时交付修理好的汽车。

2. 反应性（Responsiveness）

反应性指的是服务提供者对于用户的请求和问题能够做出迅速的反应和处理。这意味着服务提供者应该在用户提出需求或投诉时能够及时做出回应，并采取适当的行动。例如，酒店前台应该迅速办理客人的入住手续。

3. 保证性（Assurance）

保证性是指服务提供者能够展现出专业、礼貌和信任的形象，向用户传递出服务的可靠性和安全性。这包括了员工的专业能力、态度以及服务的质量。例如，医院的医护人员需要通过专业的知识和技能向患者提供安全有效的治疗服务。

4. 同理心（Empathy）

同理心是指服务提供者对于用户的需求和感受能够理解并给予关怀和关注。这意味着服务提供者应该能够积极倾听用户的意见和建议，并根据用户的需求进行个性化的服务。例如，客户服务代表应该能够理解客户的问题并提供积极的解决方案。

5. 可接近性（Tangibles）

可接近性是指服务提供者提供的设施、设备和通信手段是否现代化、清洁、整洁，并符合用户的期望。这包括了服务环境的舒适度、设施的现代化程度以及通信手段的便利性。例如，餐厅的就餐环境和设施应该能够满足顾客的需求和期望。

在 SERVQUAL 模型中，用户的期望和实际感受之间的差距（Gap）被认为是衡量服务质量的关键指标。通过对这五个维度的评估，服务提供者可以识别出存在的 Gap，并采取相应的措施来改进服务质量，提升用户满意度和忠诚度。因此，SERVQUAL 模型为服务提供者提供了一种科学有效的方法来评价和改进服务质量，从而提升竞争力和可持续发展能力。

（二）LIBQUAL+ 模型

LIBQUAL+ 模型是一种用于评估图书馆服务质量的模型，于 2000 年由美国乔治华盛顿大学的 Bruce Thompson 和 Joseph Matthews 提出。该模型基于 SERVQUAL 模型，但针对图书馆环境进行了调整和扩展，以更好地适应图书馆服务的特点。

LIBQUAL+ 模型主要包括三个维度，分别是"资源"（Resources）、"信息"（Information）和"服务"（Service），每个维度又包含了若干个子维度。

资源（Resources）：资源维度评估了图书馆的物质资源和设施设备是否能够

满足用户的需求，主要包括了图书馆的藏书数量、图书馆空间的舒适性、设施设备的现代化程度等。

信息（Information）：信息维度评估了图书馆提供的信息资源和服务是否能够满足用户的信息需求，主要包括了图书馆的数据库和电子资源的丰富程度、检索工具的易用性、信息服务的及时性等。

服务（Service）：服务维度评估了图书馆提供的服务质量和用户体验是否符合用户的期望，主要包括了图书馆的工作人员服务态度、咨询服务的效率、馆内活动的丰富性等。

LIBQUAL+模型通过对上述三个维度的评估，帮助图书馆了解用户对于图书馆服务的需求和期望，从而识别出存在的服务质量差距，并采取相应的措施来改进服务质量，提升用户满意度和忠诚度。与传统的 SERVQUAL 模型相比，LIBQUAL+模型更加针对图书馆环境的特点，更能够反映用户对于图书馆服务的实际需求和体验。因此，该模型在图书馆管理和服务质量评估中得到了广泛的应用，并为图书馆提供了一种科学有效的方法来改进服务质量，满足用户的需求。

（三）WebQual 模型

WebQual 模型是一种用于评估网络服务质量的模型，由 Roland T.Rust、Katherine N.Lemon 和 Valarie A.Zeithaml 在 2001 年提出。这一模型是以 SERVQUAL 模型为基础，但针对互联网环境进行了调整和扩展，以更好地适应在线服务的特点。

WebQual 模型主要包括三个维度，分别是"信息质量"（Information Quality）、"服务交互性"（System Interactivity）和"网站设计质量"（Website Design Quality），每个维度又包含了若干个子维度。

信息质量维度评估了网站提供的信息是否准确、全面、及时和有效，主要包括了信息的准确性、完整性、更新性、相关性和易理解性等。

服务交互性维度评估了用户与网站之间的交互体验是否顺畅、便捷和有效，主要包括了网站的导航性、响应速度、交互性和个性化程度等。

网站设计质量维度评估了网站的界面设计和视觉效果是否吸引人、易用和符合用户期望，主要包括了网站的布局、颜色、字体、图像和多媒体等方面。

与传统的 SERVQUAL 模型相比，WebQual 模型更加适用于在线服务环境，能够更准确地反映用户对于网络服务的实际需求和体验。因此，该模型在电子商务、在线教育、网络咨询等领域得到了广泛的应用，为网站运营者提供了一种科学有效的方法来改进服务质量，满足用户的需求。

（四）其他服务质量评价模型

除了 SERVQUAL 模型、LIBQUAL+ 模型和 WebQual 模型之外，还存在许多其他服务质量评价模型，每个模型都有其独特的特点和适用范围。以下是其他几个常见的服务质量评价模型：

1.SERVPERF 模型：SERVPERF 模型是 SERVQUAL 模型的一种变体，它强调了用户对于服务质量的实际感受，而不是基于期望与实际感受之间的差距。该模型将重点放在用户的满意度和实际服务表现之间的关系，以更直接地评估服务质量。

2.E-S-QUAL 模型：E-S-QUAL 模型是一种用于评估电子服务质量的模型，它在 SERVQUAL 模型的基础上进行了调整和扩展，以适应电子商务环境。该模型主要关注在线服务的特点，如网站性能、网页设计、交互体验等，以评估用户对于在线服务的满意度。

3.SERVCOM 模型：SERVCOM 模型是一种用于评估通信服务质量的模型，它将服务质量分为两个维度：实际表现和沟通效果。该模型主要关注通信服务提供者与用户之间的沟通效果，以及沟通过程中的服务表现，从而评估通信服务的质量。

4.KANO 模型：KANO 模型是一种用于评估产品或服务特征对用户满意度的影响的模型。该模型将产品或服务特征分为基本特征、期望特征、令人满意的特征、感动性特征等四种类型，以帮助企业确定用户需求和期望，从而提升产品或服务质量。

这些服务质量评价模型都在一定程度上帮助组织和企业了解用户需求和期望，识别服务质量差距，并采取相应的措施来改进服务质量，提升用户满意度和忠诚度。选择合适的模型取决于所评估的服务类型、特点以及评估的目的和需求。

三、图书馆服务质量维度

在图书馆服务质量的评价中，通常可以根据用户的期望和实际感受，将服务质量分解为不同的维度。

（一）有形产品质量

有形产品质量指的是图书馆提供的实体产品或设施的质量。这包括了图书馆的建筑、装修、设备和设施等方面。用户对于图书馆环境的舒适性、整洁度、设备现代化程度等都有一定的期望。例如，图书馆的座椅舒适度、阅览室的氛围、设备的维护情况等都会影响用户的体验和满意度。

（二）可靠性

可靠性指的是图书馆提供的服务是否能够准确、及时地满足用户的需求。这包括了图书馆的藏书数量、馆藏资源的更新速度、检索系统的稳定性等方面。用户希望能够在图书馆找到所需的信息资源，并且能够信赖图书馆提供的服务。

（三）响应性

响应性指的是图书馆对于用户提出的请求、建议或投诉能够做出及时的反应和处理。这包括了图书馆工作人员的服务态度、咨询服务的效率、借阅流程的便捷性等方面。用户希望能够在需要帮助时得到及时的支持和解决方案。

（四）保证性

保证性指的是图书馆能够传递给用户的信心和安全感，以及对于信息资源的准确性和可信度的保证。这包括了图书馆员工的专业能力、服务质量的可靠性、信息资源的真实性等方面。用户希望能够在图书馆获取到高质量、可信赖的信息资源。

以上这些图书馆服务质量维度，每个维度都对用户的满意度和体验有着重要的影响。图书馆可以通过不断提升这些维度的服务质量，来满足用户的需求，提升用户满意度和忠诚度。

第二节 服务质量评价指标与方法

一、图书馆服务质量评价指标体系

（一）指标体系的构建原则

图书馆服务质量评价指标体系的构建需要遵循一定的原则，以确保评价的全面性、客观性和可操作性：

1. 综合性原则

综合性原则要求指标体系应该综合考虑图书馆的各项服务和资源，覆盖图书馆的各个方面，确保评价的全面性。这意味着评价指标应该涵盖图书馆的藏书资源、设施设备、人员素质、管理水平等多个方面，以全面反映图书馆的服务质量。通过综合考虑各个方面的指标，可以更准确地评估图书馆的整体服务水平。

2. 针对性原则

针对性原则要求指标体系应该基于图书馆的实际情况和服务需求，具有针对性和实用性，能够真实反映图书馆的服务质量。这意味着评价指标应该根据图书馆的性质、规模、用户群体、服务定位等因素进行制订，符合图书馆的实际情况和用户需求。只有针对性强的评价指标体系才能更好地指导图书馆的服务改进和提升。

3. 科学性原则

科学性原则要求指标体系的构建应该基于科学理论和实践经验，避免主观臆断和片面性评价，确保评价结果的科学性和客观性。这意味着评价指标应该经过科学的理论分析和实证研究，具有一定的理论依据和实践经验来支持。只有科学性强的评价指标体系才能更好地反映图书馆服务质量的真实情况，并为改进提供有效的参考。

4. 可比性原则

可比性原则要求指标体系应该具有可比性，能够进行跨时间和跨空间的比较，以便评估图书馆服务质量的变化和提升。这意味着评价指标应该具有一定的标准化和通用性，可以适用于不同图书馆、不同时间段的评价。只有具有可比性的评价指标体系才能更好地分析图书馆服务质量的发展趋势，为不同图书馆的比较提供基础。

综合考虑以上原则，构建的图书馆服务质量评价指标体系将更具科学性、实用性和可操作性，能够更好地指导图书馆的服务改进和提升，提高用户满意度和服务水平。

（二）资源与服务指标

在图书馆服务质量评价指标体系中，资源与服务指标是评价图书馆基础设施、馆藏资源和服务水平的重要组成部分。这些指标直接影响着用户对图书馆的体验和满意度，因此在评价体系中占据着重要地位。以下是对这些指标的详细阐述：

1. 藏书量与资源丰富度

藏书量包括了图书馆藏书的数量、种类、品质及电子资源的丰富度和覆盖范围等。用户希望在图书馆找到所需的书籍和资料，因此馆藏资源的丰富度直接影响用户的满意度和使用体验。

2. 设施设备

设施设备是评价涵盖了图书馆的场馆面积、阅览座位、自习室、电子设备等设施设备的数量和质量。良好的设施设备可以提供舒适的学习环境和便利的服务，对于吸引用户、提升服务质量至关重要。

3. 服务人员素质

评价图书馆工作人员的专业能力、服务态度、解决问题的能力及对用户需求的响应速度等。友好、高效的服务人员可以提供更优质的服务体验，增强用户对图书馆的信任感和满意度。

4. 服务流程与效率

包括借阅流程的简便性、咨询服务的效率、图书馆开放时间等方面。良好的服务流程和高效的服务可以节省用户的时间和精力，提高用户的满意度。

（三）使用与影响指标

使用与影响指标反映了图书馆服务对用户的实际使用情况和社会影响力，是评价图书馆服务质量的重要组成部分。以下是对这些指标的详细阐述：

1. 用户满意度

通过调查问卷、反馈意见等方式收集用户对图书馆服务的反馈，了解用户对服务的评价和建议。用户满意度调查可以从服务质量、馆藏资源、设施设备、服务人员素质等多个方面进行，帮助图书馆了解用户的需求和期望，及时改进服务，提高用户满意度和忠诚度。

2. 服务利用率

服务利用率包括图书借阅量、图书检索次数、参加活动人数等。统计分析这些数据，可以了解图书馆各项服务的使用情况和趋势，为图书馆提供改进和优化服务的依据。高服务利用率反映了图书馆服务的受欢迎程度和影响力，也反映了服务的实际效果和价值。

3. 社会影响力

社会影响力是评价包括图书馆对教育、科研、文化传承等方面的贡献和影响。图书馆作为知识的存储和传播中心，对于社会的发展和进步具有重要作用。通过评估图书馆的社会影响力，可以了解图书馆在社会中的地位和作用，为图书馆指出更好的发展方向和服务定位。

（四）计量指标权重确定

确定指标的权重需要综合考虑指标的重要性、可操作性和实际情况，可以采用专家评估法、层次分析法、模糊综合评价法等。图书馆可以依据指标的相对重要性和影响程度，以及图书馆的发展战略和目标进行综合考量，确保权重的合理性和科学性。

二、服务质量评价方法

（一）问卷调查法

问卷调查法是一种常用的服务质量评价方法，通过设计一系列针对用户的问题，并以书面或在线形式向用户发送调查问卷，收集用户对图书馆服务质量的主观感受和评价。问卷内容通常涵盖用户对图书馆各项服务的满意度、期望水平、建议意见等。分析用户填写的问卷数据，可以客观地了解用户对图书馆服务的评价和需求，从而为图书馆提供改进和优化服务的参考依据。

问卷调查法具有一定的灵活性和适用性，可以根据具体的评价目的和服务特点设计不同类型的问卷，满足不同用户群体的需求。此外，问卷调查法还可以在较短时间内收集大量的用户反馈信息，具有成本低、操作简便的优点，适用于大规模的服务质量评价和用户需求调查。

问卷调查法也存在一些局限性，如用户填写问卷的主观性和倾向性、问卷设计的合理性和有效性等。因此，在进行问卷调查时，需要合理设计问卷内容、选择合适的调查对象、确保样本的代表性和有效性，以及合理分析和解释问卷数据，从而提高评价结果的可信度和准确性。综上所述，问卷调查法作为一种常用的服务质量评价方法，在图书馆管理实践中具有重要的和意义。

（二）访谈与焦点小组法

访谈与焦点小组法是另一种常用的服务质量评价方法，其核心在于通过直接与用户进行面对面的交流和讨论，深入了解用户的需求、期望和体验。

这种方法通常分为两种形式：一是个别访谈，即研究人员与单个用户进行深入的面对面交流，以获取用户对服务质量的详细评价和反馈；二是焦点小组，即研究人员组织一小组用户进行集体讨论，探讨用户共同关心的问题和主题。这两种形式均能够提供丰富的用户信息和意见，对图书馆的服务质量进行全面评价。

在个别访谈中，研究人员可以针对特定用户进行深入地探讨，了解其对图书馆服务的认知、感受和期望。通过与用户的直接对话，图书馆可以深入了解用户的个性化需求和服务体验，发现问题并及时解决，为提升服务质量提供有力支持。

而焦点小组则能够促进用户之间的互动和交流，集思广益。在焦点小组讨论中，用户可以分享彼此的经验和看法，共同探讨图书馆服务存在的问题，并提出改进建议。这种集体讨论的方式有助于形成共识，推动服务质量的改进和提升。

虽然访谈与焦点小组法能够收集用户反馈和意见，但也存在一些局限性，如样本的代表性和普适性受限、信息收集和整理相对耗时等。因此，在采用这种方法时，需要合理选择参与者、控制讨论内容，确保信息的真实性和有效性，以提高评价结果的可信度和准确性。总的来说，访谈与焦点小组法作为一种深度评价方法，能够为图书馆服务质量的改进提供宝贵的参考和支持。

（三）用户意见反馈与投诉处理分析

用户意见反馈与投诉处理分析是一种重要的服务质量评价方法，旨在通过收集用户的反馈意见和处理投诉情况，及时发现和解决问题，提升图书馆的服务质量。

这种方法主要包括两个环节：一是收集用户的意见反馈，包括用户的建议、意见、表扬和批评等；二是对用户的投诉进行分析和处理，及时解决用户遇到的问题，并采取相应措施改进服务。通过这两个环节，图书馆可以及时了解用户对服务的满意度，同时发现服务存在的问题和不足之处，从而进行有针对性的改进和提升。

收集用户的意见反馈可以通过多种途径进行，如设置意见箱、开设在线反馈平台、定期组织用户满意度调查等。这些方式都能够为用户提供一个表达意见和建议的渠道，方便用户向图书馆提供反馈信息。对用户的投诉处理分析则需要依赖完善的投诉处理机制，包括收集投诉信息、及时回应用户、分析投诉原因、采取改进措施等。通过对投诉情况的分析，可以发现服务中存在的问题和不足，并及时采取措施加以解决，防止问题的再次发生。

值得注意的是，用户意见反馈与投诉处理分析不仅可以发现问题，还可以发现服务中的亮点和优势，及时表扬和奖励表现突出的员工，激励员工提供更优质的服务，增强用户对图书馆的信任和满意度。

（四）数据统计与分析法

数据统计与分析法是一种基于数据的服务质量评价方法，通过收集、整理和分析相关数据，对图书馆的服务质量进行客观评估和量化分析。

这种方法主要依赖于图书馆内部和外部的各种数据，包括但不限于借阅量、馆藏资源利用率、用户访问量、服务满意度调查结果等。通过对这些数据进行统计和分析，图书馆可以客观地了解服务的运行情况、用户需求和服务水平。

数据统计与分析法的具体步骤包括：

1.收集图书馆各项服务和运营方面的数据，包括内部数据和外部数据。内部数据包括图书馆借阅记录、馆藏资源情况、用户注册信息等；外部数据包括用户满意度调查结果、竞争对手的数据等。

2.对收集到的数据进行整理和筛选，去除重复、错误或不完整的数据，确保数据的准确性和完整性。

3.运用统计学和数据分析方法对数据进行分析，探索数据之间的关系和规律，发现问题和趋势，为服务质量评价提供依据。

4.根据数据分析的结果，对图书馆的服务质量进行评价和解释，提出改进建议和措施，指导图书馆的管理和运营。

数据统计与分析法具有客观性强、量化程度高的特点，能够为图书馆的管理决策提供科学依据。同时，它也具有一定的局限性，如数据的获取和整理可能较为繁琐，需要专业技能和工具支持；另外，数据只能反映已有的情况，无法直接反映用户的主观感受和需求。因此，数据统计与分析法需要结合其他评价方法进行结合，综合考虑不同维度的评价结果，以全面评估图书馆的服务质量。

三、服务质量评价的实施

（一）评价的流程与步骤

1.确定评价的目的和范围，建立评价指标体系，明确评价的重点和方向。

2.根据评价目标和指标体系，选择适合的评价方法和工具，如问卷调查、访谈与焦点小组、数据统计与分析等。

3.安排评价活动的时间表和人员分工，明确评价活动的流程和步骤，确保评价工作的顺利进行。

4.收集评价所需的数据和信息，包括用户反馈、统计数据、访谈记录等，对数据进行整理和准备。

5.根据评价计划，开展评价活动，包括问卷调查、访谈与焦点小组、数据统计与分析等，收集用户反馈和评价数据。

6.对收集到的数据进行统计和分析，探索数据之间的关系和规律，解释评价结果，发现问题和趋势。

7.根据评价结果，明确改进的方向和优先级，制订改进计划和措施。

8.撰写评价报告，总结评价过程和结果，提出改进建议和措施，为图书馆的管理和决策提供参考。

9.将评价报告反馈给相关部门和人员，跟踪和监督改进措施的落实情况，持续改进和提升服务质量。

（二）评价数据的收集与处理

1.设计问卷或访谈提纲，收集用户反馈和意见，整理和归纳数据。

2.对收集到的数据进行统计和分析，包括描述统计、相关性分析、因素分析等，发现问题和趋势。

3.筛选和整理收集到的数据，去除错误和不完整的数据，保证数据的准确性和完整性。

4.利用图表、统计图等方式对数据进行可视化展示，直观地呈现评价结果和分析结论。

（三）评价报告的撰写

1.报告包括标题、摘要、引言、评价目标和指标体系、评价方法和工具、评价过程和结果、问题分析和改进建议、总结和展望等部分。

2.报告内容要简洁明了，语言清晰流畅，突出重点和要点。

3.报告要客观公正地反映评价结果，不偏袒任何一方，客观分析问题和提出建议。

4.提出的改进建议要有针对性和可实施性，能够为图书馆的管理和决策提供实际帮助。

5.报告完成后进行审阅和修改，确保内容的准确性和完整性，避免错误和遗漏。

6.将评价报告及时反馈给相关部门和人员，促进改进措施的落实和跟进。

第三节　用户满意度测评与反馈机制

一、用户满意度概述

（一）用户满意度的定义

用户满意度是评价用户对产品、服务或体验的满意程度的重要指标。它反映了用户在特定情境下的感受。首先，用户满意度考量用户对产品或服务的期望与实际体验之间的差异。如果用户认为实际体验符合或超出了他们的期望，他们可能会感到满意。其次，用户满意度涉及到产品或服务是否能够满足用户的需求和期望。如果产品或服务能够有效地满足用户的需求，用户往往会感到满意。此外，用户对产品或服务的满意程度还受到其感知的质量和价值的影响。如果用户认为产品或服务的质量高，而且与其付出的价值相匹配，他们可能更容易感到满意。另外，用户满意度还与他们在使用产品或服务的过程中所经历的交互体验和客户服务密切相关。友好、高效的客户服务和良好的用户体验通常会增强用户的满意度。最后，用户满意度对于建立长期的用户关系和提高用户忠诚度至关重要。满意的用户更有可能成为忠实的长期客户，并且可能会推荐产品或服务给其他人。因此，用户满意度不仅仅是用户对产品或服务的感受，还涉及产品或服务是否符合用户的期望、满足了他们的需求、具有感知的高质量和价值、提供了良好的交互体验和客户服务，并且能够有利于建立长期的用户关系和提高用户忠诚度。

（二）测评用户满意度的重要性

图书馆服务中测评用户满意度至关重要，因为它对图书馆的运营和发展具有深远的影响。

1. 优化服务体验

测评用户满意度可以帮助图书馆了解用户对服务的实际感受和评价，包括借阅流程、图书馆设施、服务态度等。通过收集用户的反馈和意见，图书馆可以识别和解决存在的问题，优化服务体验，提升用户满意度。

2. 提升服务质量

用户满意度调查是评估图书馆服务质量的重要手段之一。通过测量用户满意度，图书馆可以了解用户对服务质量的评价，发现服务的优势和不足之处，并采取措施改进和提升服务质量，以满足用户的需求和期望。

3. 引导资源配置

测评用户满意度可以帮助图书馆更有效地配置资源。通过了解用户的需求和偏好，图书馆可以调整和优化资源的分配，将资源投入到对用户满意度影响最大的方面，从而提高资源利用效率，提升服务水平。

4. 增强用户参与和忠诚度

用户满意度调查可以增强用户参与感和归属感，促进用户与图书馆的互动和交流。同时，通过满足用户的需求和期望，图书馆可以提升用户的忠诚度，并推荐图书馆服务给他人。

5. 持续改进和创新

用户满意度调查是图书馆持续改进和创新的重要依据。通过定期进行用户满意度调查，图书馆可以了解用户需求的变化和趋势，及时调整和优化服务策略，保持与用户需求的匹配度，实现持续改进和创新。

二、用户满意度测评模型

（一）期望差距模型

期望差距模型是一种经典而有效的用户满意度测评方法。该模型的核心在于比较用户对服务的期望与实际体验之间的差距，以评估用户对服务的满意程度。

用户的期望被分为两个方面：期望水平和期望性能。期望水平是用户对服务的一般期望水平，而期望性能则是用户希望服务达到的理想水平。通过用户的实际体验与期望水平以及期望性能之间的比较，可以计算出满意度的差距。正向的差距表明用户体验超出了期望，提示服务质量较高但仍有改进空间；而负向的差距则暗示服务存在缺陷或不足，需要改进以满足用户期望。基于这些差距，组织可以制订有针对性的改进措施，包括提升服务水平、优化产品功能、改进服务流程等，以满足用户需求并提升用户满意度。

改进措施实施后，可以再次使用期望差距模型来评估改进效果，从而持续优化服务策略。期望差距模型因其简单易用、客观反映用户需求及可以指导改进措施的优势，被广泛应用于各种服务和产品的满意度测评中，为组织提供了重要的决策支持，助力提升用户体验和满意度。

（二）重要性 – 绩效分析模型

重要性 - 绩效分析模型旨在帮助组织了解用户对服务特征的重要性及服务在这些特征上的表现。该模型将用户满意度分解为两个主要维度：重要性和绩效。

重要性指的是用户对服务特征的重视程度。这些特征可以是产品或服务的各个方面，如产品质量、价格、客户服务等。通过调查用户对不同特征的重视程度，管理者可以了解用户对服务的关注点和优先级。绩效是指服务在各个特征上的表现。这是通过用户的实际体验和评价来确定的，反映了服务在满足用户需求方面的实际效果。

重要性 - 绩效分析模型通过综合考量重要性和绩效两个维度，可以得出不同特征在用户满意度中的相对重要性，并识别出哪些特征需要重点改进以提升用户满意度。通过比较服务在不同特征上的绩效及其重要性，管理者可以确定哪些特征是用户最关注的，以及哪些特征的绩效较低，需要重点改进以满足用户需求；根据不同特征的重要性和绩效水平，可以制订优先级改进策略。重要性高且绩效低的特征可能是首要改进的对象，而重要性低且绩效高的特征则可以适当降低优先级。实施改进措施后，可以再次使用重要性-绩效分析模型来评估改进效果。通过比较改进前后的绩效和满意度水平，管理者可以了解改进措施的有效性，并进一步调整和优化服务策略。

（三）结构方程模型

结构方程模型是一种复杂的统计方法，常用于分析多个变量之间的关系。在用户满意度测评中，结构方程模型被广泛应用于探索用户满意度和其影响因素之间的关系，以及这些因素之间的相互作用。这个模型包括两个主要组成部分：测量模型和结构模型。

测量模型用于衡量观察到的变量（例如，用户满意度、服务质量、产品特性等）与潜在的概念（例如，用户需求、期望）之间的关系。通过收集数据并进行因素分析或确认性因素分析，管理者可以确定观察到的变量与潜在概念之间的关系。结构模型用于分析观察到的变量之间的因果关系。这个模型基于理论假设或先前的研究，提出了不同变量之间的假设关系，然后使用结构方程模型来验证这些假设，并探索变量之间的直接和间接影响。

结构方程模型的优势在于它可以同时考虑多个变量之间的复杂关系，包括直接和间接影响，从而更全面地理解用户满意度的形成过程。此外，结构方程模型还可以通过路径分析、中介效应分析等方法，揭示出影响用户满意度的关键因素，为组织提供指导改进策略的依据。

（四）其他测评模型

除了以上测评模型之外，还存在许多其他用户满意度测评模型。这些模型各有特点，适用于不同的情境和目的，以下是其中几种常见的测评模型：

1. Kano 模型

Kano 模型是一种基于用户需求分类的模型，将用户需求分为基本需求、期望需求和惊喜需求三种类型。通过识别和满足不同类型的需求，可以提高用户满意度，并为产品或服务创新提供指导。

2. 二阶段模型

二阶段模型结合了期望差距模型和重要性 - 绩效分析模型的特点，分为用户期望阶段和满意度评估阶段。在第一阶段，通过调查用户的期望，确定关键改进领域；在第二阶段，评估用户对服务的满意度，以及改进措施的有效性。

3. IPA 模型

IPA 模型（重要性 – 绩效 – 满意度模型）综合考虑了用户对服务特征的重视程度、服务在这些特征上的绩效及用户对服务的实际满意度。通过比较绩效和重要性的关系，可以识别出关键改进领域，并评估改进措施的效果。

4. HEDPERF 模型

HEDPERF 模型是一种专门用于评估高等教育服务满意度的模型，它将服务质量分为硬性服务质量（HEDQUAL）和用户感知绩效（HEDPERF），并通过比较两者之间的关系来评估用户满意度。

这些模型在实践中都有其独特的适用场景和优势，可以根据具体的情况和需求选择合适的模型进行用户满意度测评，从而指导服务改进和提升用户体验。

三、用户满意度测评实施

当实施图书馆服务客户满意度测评时，关键是确保全面了解用户对服务的主观感受和满意程度，以便及时提升服务水平。

1. 确定评价指标

明确评价图书馆服务的关键指标，包括但不限于服务态度、资源丰富度、设施便利性、信息获取便捷性等。这些指标应该直接关联到用户体验和满意度。

2. 设计调查工具

制订合适的调查问卷或者访谈指南，以收集用户对各项服务指标的评价和建议。问卷设计要简洁清晰，问题涵盖广泛但不繁琐，以鼓励用户提供真实而有用的反馈。

3. 确定调查对象

明确调查的目标群体，可以是不同年龄段、职业背景或使用频率的用户。确保调查对象具有代表性，以反映图书馆服务的整体情况。

4. 实施调查

根据设计的调查工具和对象，展开调查活动。可以通过线上问卷、面对面访谈、焦点小组等方式收集用户意见，确保获得多样化和全面的反馈。

5. 数据分析与报告撰写

对收集到的数据进行系统分析，挖掘用户满意度的关键影响因素和识别潜在问题。撰写详尽的报告，清晰呈现调查结果和建议，为后续制订改进措施提供有力支持。

6. 改进措施的实施

根据调查结果，制订并执行改进计划。这可能涉及改进服务流程、加强员工培训、优化资源配置等方面。持续监测和调整，确保改进措施的有效性和可持续性。

通过以上步骤的实施，图书馆可以全面了解用户的满意度和需求，及时做出针对性的改进，提升服务质量，增强用户粘性。

四、用户反馈机制构建

（一）反馈渠道建设

用户反馈机制的构建是为了建立一个有效的渠道，使用户能够方便地提供意见、建议和进行投诉，从而帮助图书馆及时了解用户需求，改进服务质量。在反馈渠道建设方面，需要从多个角度入手，确保反馈机制的全面性和便捷性。

建立多元化的反馈渠道，包括但不限于设置专门的反馈邮箱或在线表单、建立电话咨询热线、设立意见箱或投诉箱等。不同的渠道适合不同类型的用户，例如有些用户更倾向于通过书面形式提供反馈，而有些用户可能更愿意通过电话或面对面沟通表达意见。

反馈渠道需要覆盖图书馆的各个接触点，以确保用户在使用服务的任何阶段都能够轻松地提供反馈。这包括在图书馆的网站上设置在线反馈按钮或链接、在服务台和借阅区域放置反馈意见箱、在馆内张贴反馈渠道的信息等。可以借助现代技术手段构建更高效的反馈渠道，例如通过移动应用程序提供在线反馈功能，或者在社交媒体平台上设立专门的反馈通道，以满足年轻用户和移动用户的需求。为了提升用户的参与度和积极性，图书馆可以设置奖励机制或者回馈机制，对提供有价值反馈的用户进行奖励或者回馈，鼓励更多用户积极参与到反馈活动中来。

（二）反馈信息采集与分类

建立一个统一的信息收集系统，确保所有的反馈信息都能够被及时记录和跟踪。这可以包括建立专门的数据库或者信息管理平台，用于存储和管理用户反馈的各种信息，同时确保反馈信息的采集是及时的、全面的和准确的。管理者可以通过设置自动回复邮件或者短信，对用户的反馈进行及时确认和回复，以示重视，同时，也可以通过定期的调查或者投票活动，主动收集用户的意见和建议，并针对不同类型的反馈信息进行分类和归类。分类以根据反馈的内容、来源、严重程度等因素进行，以便更好地进行分析和处理。常见的分类包括建议类、投诉类、表扬类等。

（三）反馈信息分析与处理

一旦收集到用户的反馈信息，就需要对其进行系统分析和处理，以了解用户的需求和意见。首先，要对反馈信息进行整理和分类，将其归纳为不同的问题类型或建议类别。然后，通过定量和定性的分析方法，深入挖掘其中的共性和趋势，找出问题的根源和解决方案。在分析过程中，可以利用数据可视化工具，如图表、统计分析等，直观地展现反馈信息的分布和趋势。接着制订具体的处理方案和应对策略，对于涉及服务改进的问题，可以制订具体的改进计划和行动方案；对于需要解决的投诉或意见，要及时回复并给予妥善处理。同时，要建立起一套完善的信息处理流程和工作机制，确保反馈信息能够及得到时跟进和处理，提高用户满意度。

（四）反馈改进方案制订与实施

基于对反馈信息的分析和处理，需要制订具体的改进方案并加以实施。首先，要明确改进的目标和重点，确定优先处理的问题和关键环节。然后，结合实际情况和资源情况，制订详细的改进计划和时间表，明确责任人和实施步骤。

在制订改进方案时，要注重综合考虑不同利益相关者的需求和意见，确保方案的可行性和有效性。可以通过召开会议、开展讨论或者征求意见等方式，广泛征集和汇聚各方的意见和建议。

要及时跟进和评估改进方案的实施效果，并不断进行调整和优化。可以通过定期的监测和评估，收集相关数据和反馈意见，及时发现问题并采取措施加以解决，确保改进方案的顺利实施和有效推进。

通过以上步骤的实施，图书馆可以更好地利用用户反馈信息，及时改进服务，提升用户满意度。

第四节　服务质量改进策略与实践

一、服务质量改进的理论基础

（一）PDCA 循环理论

PDCA 循环理论是由质量管理学的先驱之一、日本质量管理专家土居丰所提出的。这一理论最初于 20 世纪 20 年代发展，并在 20 世纪 50 年代由美国学者艾德温·丰特引入到工业生产和质量管理领域。PDCA 循环理论，即计划（Plan）—执行（Do）—检查（Check）—行动（Act）循环，是一种持续改进的管理方法，也被称为循环质量改进法。这一理论的基本思想是通过循环的四个阶段，不断地进行问题识别、解决和改进，以提升组织的绩效和效率。

1. 计划阶段

确定改进的目标和计划，包括明确要解决的问题或提升的目标，制订具体的改进计划和措施，确定资源需求和时间安排等。计划阶段的关键是确立清晰的方向和目标，为后续的改进活动提供指导。

2. 执行阶段

实施制订的改进计划和措施，包括落实工作任务、分配资源、培训人员等，确保改进计划的顺利执行。执行阶段的关键是将计划落实到实际行动中，确保改进措施的有效实施。

3. 检查阶段

对执行的结果进行评估和检查，包括收集和分析数据、比较实际情况与计划目标的差距，识别问题和改进的空间。检查阶段的关键是及时发现问题和提出改进建议，为下一轮循环的改进活动提供依据。

4. 行动阶段

根据检查阶段的结果，采取相应的行动进行改进。这包括制订调整计划、修正错误、改进流程和方法等，以确保问题得到有效解决和持续改进。行动阶段的关键是将检查阶段的分析转化为实际的改进行动，循环闭合，进入下一轮的改进循环。

通过 PDCA 循环理论，组织可以不断地进行问题识别、解决和改进，实现持续的质量改进和绩效提升。这一理论强调了持续改进的重要性，将改进活动置于一个系统、有序的框架中，使组织能够更加有效地应对变化和挑战。

（二）服务质量缺陷成因分析

服务质量缺陷成因分析是为了深入了解服务质量问题的根本原因，以便采取针对性的改进措施。在进行分析时，可以采用多种方法和工具，以全面、系统地识别和分析服务质量缺陷的成因。

1. 采用鱼骨图进行分析

鱼骨图，也称为因果图或 Ishikawa 图。这种图形化的工具将问题归因于不同的因素，包括人员、流程、设备、环境、管理等。通过团队讨论和头脑风暴，将可能导致服务质量缺陷的各种因素列举出来，并分析它们之间的关联和影响。

2. 采用 5W1H 分析法

即对问题进行谁（Who）、什么（What）、何时（When）、何地（Where）、为什么（Why）、如何（How）等方面的分析。通过逐一回答这些问题，可以全面地了解服务质量缺陷的发生背景、原因和影响，有助于找出根本问题所在。

3. 运用统计分析方法

通过收集和分析客户投诉、意见反馈、满意度调查等数据，找出服务质量问题的频率、分布和趋势，从而确定优先改进的方向和重点。

图书馆还可以借助质量管理工具，如流程图、控制图、直方图等，对服务流程和关键环节进行分析。通过识别流程中的瓶颈和问题点，找出影响服务质量的关键因素，并采取相应的改进措施。最后要进行根本原因分析，即从组织文化、管理制度、员工素质、技术水平等方面入手，深入挖掘。通过系统性的分析和探索，找出导致服务质量缺陷的深层次原因，并针对性地进行改进和优化。

（三）服务蓝图理论

服务蓝图理论是一种用于可视化和分析服务过程的工具，旨在帮助组织理解服务提供过程中的关键步骤、参与者、接触点和互动模式，以便识别问题和改进机会。服务蓝图不仅可以帮助组织设计新的服务流程，还可以帮助改进现有的服务流程，以提升服务质量。

服务蓝图通常包括以下几个主要元素：

1.服务过程步骤：这是服务过程中的各个环节或活动，从开始到结束，包括所有与服务提供相关的步骤。这些步骤可以根据服务的特点和组织的需求进行具体定义，通常涵盖了用户接触点、前台服务和后台服务等内容。

2.用户接触点：这是用户与服务提供者直接接触或互动的地方，可以是线上或线下的，包括网站、应用程序、服务台、客服电话等。用户接触点是用户体验的关键部分，对用户的满意度和忠诚度有着重要影响。

3.服务提供者：这是参与服务提供过程的各种角色和人员，包括前台服务人员、后台支持人员、管理人员等。服务提供者的行为和能力直接影响着服务质量和用户体验。

4.互动和联系：这是用户与服务提供者之间的互动和联系，包括用户的需求和期望、服务提供者的响应和行为等。服务蓝图通常会清晰地显示出这些互动和联系，以便识别问题和进行改进。

通过绘制服务蓝图，组织可以清晰地了解服务过程中的各个环节和参与者，帮助识别问题并制订改进措施。例如，通过分析用户接触点和互动，组织可以找出用户体验不佳的环节和流程，进而优化服务设计和流程管理；通过分析服务过程步骤和服务提供者的行为，组织可以识别出服务质量存在缺陷的根本原因，并采取相应的改进措施。

二、服务质量改进策略

（一）以用户为中心

将用户置于服务质量改进的核心地位是图书馆提升服务水平的关键战略之一。这意味着图书馆需要深入了解用户的需求、期望和体验，以此为基础进行服务流程的优化和个性化服务的提供。通过开展用户调研和反馈机制，图书馆可以更好地了解用户的实际需求，从而针对性地改进服务流程，使之更加符合用户的使用习惯和期望。同时，建立多样化的沟通渠道，包括在线平台、用户座谈会等，有助于与用户保持密切联系，及时获取用户的意见和建议，并进行回应和处理。除此之外，图书馆还需要持续培养员工的服务意识和技能，使他们能够更好地满足用户的需求并提供优质的服务。通过以上策略的综合运用，图书馆能够实现以用户为中心的服务质量改进，提升用户满意度和忠诚度，实现图书馆的可持续发展。

（二）制订服务质量标准

服务质量标准是对服务质量的具体要求和指导，有助于明确服务目标、提高服务效率、保证服务质量，并为用户提供具有一致性和可预期性的服务。制订服务质量标准需要基于对用户需求和期望的深入了解，以及对行业标准和最佳实践案例的调研和借鉴。这包括用户对服务的期望、服务过程中的关键环节、服务质量的重点指标等方面。服务质量标准需要具体、可衡量、可操作。例如，可以制订借书速度、图书馆环境整洁度、馆员服务态度等方面的具体指标和标准。然后，需要将服务质量标准与图书馆的具体业务流程和服务流程相结合，确保服务质量标准能够贯穿于整个服务过程中。这包括在服务流程中设定服务质量检查点和评估标准，以便及时发现服务质量问题。制订服务质量标准需要与员工培训和绩效考核相结合，以确保员工能够理解和落实服务质量标准，并将其融入日常工作中。通过以上步骤的综合实施，图书馆可以建立起科学合理的服务质量标准体系，为提升服务水平提供指导和保障。

（三）培养服务质量文化

服务质量文化是指在整个组织中树立并强调对服务质量的重视和追求，将提供优质服务视为每个员工的责任和使命，并将其内化于组织的价值观、行为准则和工作方式之中。要培养服务质量文化需要由领导层起带头，将提升服务质量作为组织的战略目标，并将其融入组织的愿景和使命中。领导层应该不断强调服务质量的重要性，激励员工为提供更优质的服务而努力。通过员工培训和教育，提升员工的服务意识和服务技能。培训内容可以包括服务标准、沟通技巧、问题解决能力等方面，以提高员工对服务质量的认知和理解。同时，要建立起有效的奖惩机制，需要激励员工积极参与和推动服务质量的改进。要营造良好的工作氛围和团队文化，让员工感受到对优质服务的认同，建立起良好的团队合作和共享精神，还要建立起持续改进的机制，不断寻求和借鉴行业内外的最佳实践，不断完善和优化服务质量，使之能够与组织的发展目标和用户需求保持一致。

（四）优化服务流程

优化服务流程可以提高图书馆的服务效率、降低成本、提升用户体验，并最终实现更高的服务质量。优化服务流程需要对当前的服务流程进行全面的分析和评估，包括用户流程、操作流程和支持流程等方面。分析和评估可以通过流程图绘制、现场观察、用户反馈等方式进行，以发现存在的问题。针对发现的问题和瓶颈，图书馆应制订具体的改进方案和措施。这可能包括简化流程、优化步骤、增加自助服务设施、升级信息技术系统等。图书馆还要确保改进措施的有效实施，包括明确责任人和时间表、开展员工培训和沟通、监控和评估改进效果等；通过持续的监控和反馈，及时调整和优化服务流程，确保其能够满足用户需求和提升服务质量；注重持续改进和创新，不断寻求和引入新的服务理念和技术手段，以适应不断变化的用户需求和市场竞争环境。

（五）加强人力资源管理

人力资源是图书馆服务的核心驱动力，有效的人力资源管理可以提高员工的工作效率、积极性和创造力，从而提升服务质量。人力资源管理者首先应确保招聘和选拔合适的人才，这包括根据岗位要求和组织文化，制定明确的招聘标准和流程，以吸引和选拔适合岗位的优秀人才。注重员工的培训和发展。通过定期的培训和技能提升，不断提高员工的专业水平和服务意识，使其能够更好地适应图书馆的发展和用户需求。同时，要为员工提供良好的职业发展机会和晋升途径，激发其工作动力和创造力；建立有效的绩效管理制度，制订明确的绩效考核标准和评价体系，定期对员工进行绩效评估和反馈，及时发现和解决问题，提升员工的积极性和工作表现。重视员工的福利。建立健全的福利制度需要关注员工的身心健康和工作生活平衡，营造良好的工作氛围和团队文化，增强员工的归属感和忠诚度。

三、服务质量持续改进机制

（一）建立改进工作组织机构

在图书馆服务质量持续改进机制中，建立改进工作组织机构是至关重要的，它能够为改进工作提供有效的组织保障和协调管理。

图书馆内部可以设立专门的服务质量改进小组或委员会，负责制订和推动服务质量改进计划，并监督和评估改进效果。该小组或委员会应该由图书馆领导和相关部门负责人组成，确保改进工作得到高层支持和资源保障，同时各部门之间的协调配合也能得到保证。此外，小组或委员会需要明确每个成员的具体职责和工作任务，确保改进工作有序进行。为了保证改进工作的高效推进，小组或委员会还需要明确改进工作的流程和步骤，包括问题识别、方案制订、实施跟踪等各个环节。同时，需要制订相关的操作规范和工作手册，明确工作方法和标准，以便成员们在改进工作中能够统一思想、协调行动，提高工作效率和质量。在图书馆内部，各个部门之间需要建立起畅通有效的沟通渠道，确保信息的及时传递和共享，促进各部门之间的相互理解和协作。此外，图书馆还需要建立起与用户的沟通渠道，包括用户反馈平台、用户调研活动等，及时了解用户的需求和意见，为改进工作提供重要参考；制订明确的工作目标和绩效指标，对改进工作进行定期的监督和评估，及时发现问题和偏差，并采取相应的纠正措施；同时，要建立起学习和反思的机制，及时总结经验和教训，不断优化改进工作的方法和策略，推动图书馆服务质量持续改进。

（二）制订改进计划和目标

制订改进计划和目标为改进工作提供了明确的方向和指导。从整体服务质量的角度出发，深入分析当前服务存在的问题和不足，以及用户的需求和期望。通过用户调研、数据分析和员工反馈等方式，图书馆可以全面了解服务质量的现状，找出需要改进的重点和关键领域，并根据分析结果，制订具体的改进计划和目标。改进计划应该包括明确的工作内容、时间表和责任人，以及预期的改进效果和评估指标。目标应该具体、可衡量、可达成，能够为改进工作提供有效的指导。改进计划和目标应该与图书馆的发展方向和服务理念相一致，有助于推动图书馆向着更高的服务质量迈进。

（三）实施改进项目

实施改进项目直接影响着改进工作的成效。

图书馆应根据制订的改进计划和目标，明确项目的具体内容、范围和目标；根据分析结果和优先级，确定需要改进的重点领域和项目，确保改进项目与服务质量的整体目标和战略方向相一致；建立项目管理团队和组织机构，明确项目的责任人和相关部门，确保项目有足够的资源和支持，能够顺利推进。项目管理团队应该具备项目管理的专业能力和经验，能够有效地组织和协调各项工作。

同时，图书馆应制订详细的项目实施计划和时间表，明确项目的阶段性目标和里程碑，制订具体的工作计划和进行任务分配，确保项目能够按时完成，并达到预期的改进效果。接下来，项目的实施和执行需要对项目进行有效的组织和协调，监督和跟踪项目进度，及时解决项目中出现的问题，确保项目能够按计划顺利进行。

在项目实施过程中，图书馆应定期对项目进行评估和检查，收集项目数据和反馈意见，评估项目的执行情况和改进效果，及时调整和优化项目实施策略，确保项目能够取得预期的效果。

（四）改进效果监控与评估

改进效果监控与评估可以确保改进工作的有效性和成效，并为进一步优化提供了重要的反馈和指导。进行改进效果监控与评估需要建立明确的评估指标和评估体系。评估指标应该具体、可衡量、与改进目标相一致，可以包括用户满意度调查结果、服务效率指标、服务质量指标等方面。评估体系应该综合考虑多个指标，全面评估改进工作的效果。通过收集用户反馈、统计数据、员工意见等多种来源的数据，图书馆可以对改进工作的实施情况和效果进行全面分析和评估，发现问题和瓶颈，并及时采取相应的改进措施。图书馆还应定期对改进工作进行评估和检查，收集和分析评估数据，及时发现和解决问题，并根据评估结果调整和优化改进计划，确保改进工作能够持续推进和取得实效；向相关部门和员工及时反馈评估结果和改进建议，促进信息的流通和共享，增强改进工作的透明度，提高改进工作的成效；通过总结经验和教训，不断优化评估方法和工作流程，提高评估的精准度和有效性，为图书馆服务质量持续改进提供有力支持。

第五章 现代图书馆营销与社区参与

第一节 图书馆营销理论与策略

一、图书馆营销的概念和重要性

（一）图书馆营销的定义

1. 什么是营销

营销是一种组织或个人为了实现特定目标而采取的一系列有计划、有组织、有针对性的活动和策略。这些活动和策略旨在满足顾客需求、提供有价值的产品或服务、建立良好的品牌形象、促进销售增长、实现市场份额增加、提高利润率等。营销活动通常包括市场调研、产品开发、定价策略、渠道管理、推广宣传、销售管理等。营销的核心在于以顾客为中心，满足顾客的需求和期望。通过了解顾客的需求、分析市场环境和竞争对手情况，营销者可以制订相应的营销策略，提供符合顾客期待的产品或服务，从而赢得顾客的认可和信任。除了满足顾客需求外，营销还包括建立品牌形象和推广宣传。通过品牌建设和宣传推广，营销者可以在激烈的市场竞争中脱颖而出，提高品牌知名度和美誉度，吸引更多的顾客选择自己的产品或服务。营销还包括销售管理和渠道管理。通过合理的渠道选择和销售管理，营销者可以有效地管理销售渠道，提高销售效率和销售额，实现销售目标的达成。

2. 图书馆营销

图书馆营销是一种特定于图书馆的营销活动，旨在提升图书馆的服务质量和效果，吸引更多的用户使用图书馆的资源和服务，从而提高图书馆的社会影响力和可持续发展能力。图书馆营销包括对图书馆服务的宣传推广、品牌形象的塑造、用户体验的优化等方面，以满足用户需求、提升用户参与和利用率为目标。

与传统企业的营销相比，图书馆营销更强调公益性和社会责任感，在注重服务用户和社区的同时，也要求有效管理资源和提升服务质量。

图书馆营销和普通营销在实践中存在一些显著的差异：

（1）目标与价值取向

图书馆营销的目标主要是提升服务质量、提高用户参与度和满意度，以及提高图书馆的社会影响力和可持续发展能力。与普通营销相比，图书馆营销更强调公益性和社会责任感，注重为用户和社区提供有价值的知识和文化服务，而不仅仅是追求经济利益。

（2）产品特性

图书馆的产品是知识和信息服务，与普通企业的产品有所不同。图书馆的产品具有公共性和非营利性质，其主要价值在于满足用户的学习、研究、娱乐等需求，而不是为了盈利。因此，图书馆营销需要更加注重服务的品质和社会效益。

（3）用户群体

图书馆的用户群体多样化，涵盖了各个年龄段、职业背景、教育水平和兴趣爱好的人群。与普通企业相比，图书馆需要更加关注不同用户群体的需求和偏好，提供个性化的服务和资源，以满足用户的多样化需求。

（4）资源管理

图书馆的资源是有限的，需要进行有效的管理和利用。与普通企业相比，图书馆需要更加注重资源的平衡配置和合理利用，确保资源的公平分配和长期可持续利用。

（5）社会责任感

图书馆作为公共文化设施，具有重要的社会责任和使命感。图书馆营销需要更加注重服务社会、回馈社区的理念，通过提供优质的服务和资源，促进社会文化的发展和进步，提高社区居民的文化素质和生活品质。

（二）图书馆营销的目标和作用

1. 提高服务满意度

图书馆营销的首要目标是提高用户的服务满意度。通过营销活动，图书馆可以更好地了解用户需求，提供更加贴心和符合用户期待的服务，从而提高用户的满意度和忠诚度。

2. 增加用户参与度

图书馆营销的另一个重要目标是增加用户的参与度和利用率。开展丰富多彩的营销活动，如展览、讲座、培训等，可以增加用户使用图书馆资源和服务的频率和受益程度。

3. 提升品牌形象

图书馆营销的作用之一是提升图书馆的品牌形象和知名度。精心设计的宣传推广活动可以帮助图书馆树立良好形象和声誉，增强用户对图书馆的信任和认可。

4. 拓展社会影响力

图书馆营销可以提升图书馆在社会中的地位和影响力。有效的营销策略可以巩固图书馆作为社区教育、文化传承和知识共享中心的地位，促进社会文化的发展和进步。

5. 实现可持续发展

最终目标是实现图书馆的可持续发展。通过提高服务质量、增加用户参与度、树立品牌形象、拓展社会影响力等方面的努力，图书馆可以实现长期稳定的发展和运行。

二、图书馆营销的理论基础

（一）服务营销理论

服务营销理论强调了服务作为一种产品的特殊性和重要性，在营销活动中具有独特的地位和作用。服务营销理论提出了一系列关于服务产品特征、市场定位、顾客满意度、关系营销等的观点和原则，为图书馆营销提供了重要的指导和借鉴。

与实物产品不同，服务产品具有不可分割性、不存储性、不可传递性和不可复制性等特征，这意味着服务的质量和效果直接取决于服务过程中的互动和体验，而不是产品本身。因此，图书馆在营销活动中需要特别关注服务过程中的质量和用户体验，注重用户与服务提供者的互动和沟通。

根据服务差异化的原则，服务营销理论提倡将服务产品进行市场细分，并针对不同的市场细分开展差异化营销活动，以满足不同用户群体的需求和期望。同时，服务营销理论认为顾客满意度是服务质量和用户体验的重要衡量标准，图书馆需要通过不断提升服务质量，提高用户满意度，从而赢得用户的信任。

服务营销理论倡导了关系营销的理念。它强调建立长期稳定的用户关系，通过建立信任、共享价值、提供个性化服务等方式，与用户建立密切的关系，提升用户的忠诚度，从而实现持续的销售和发展。图书馆可以通过建立用户数据库、开展会员服务、定期回访等方式，加强与用户的沟通和联系，建立良好的用户关系，增强用户的黏性和忠诚度。

（二）关系营销理论

关系营销理论强调在商业活动中建立和维护长期稳定的客户关系，以实现持续的合作、交易和价值共享。这一理论在图书馆营销中也有着重要的意义。

首先，关系营销理论强调建立信任和互惠关系。在图书馆营销中，建立用户对图书馆的信任是至关重要的，用户只有对图书馆的服务和资源产生信任，才会愿意频繁地利用图书馆的服务。因此，图书馆需要通过提供优质的服务、切实的承诺和及时的反馈，不断增强用户对图书馆的信任感。

其次，关系营销理论强调共享价值和个性化服务。在图书馆营销中，图书馆可以通过订制化的服务和个性化的推荐，满足不同用户群体的需求。通过了解用户的偏好和需求，图书馆可以提供更符合用户期待的服务和资源，增强用户的满意度和忠诚度。

此外，关系营销理论强调持续的沟通和互动。在图书馆营销中，图书馆需要与用户密切地沟通和联系，了解用户的反馈和建议，及时调整和改进服务，增强用户参与感和归属感。通过开展用户调查、举办用户反馈会议、建立用户社群等方式，图书馆可以与用户保持良好的互动，建立良好的用户关系。

最后，关系营销理论强调长期性和持续性。在图书馆营销中，图书馆需要通过持续不断的努力和投入，保持与用户的长期稳定关系，提高用户忠诚度，从而实现图书馆的可持续发展和稳定运行。

（三）整合营销理论

整合营销理论是一种综合性的营销理论，强调不同营销手段和渠道的整合和协调，以实现营销活动效益的最大化。在图书馆营销中，整合营销理论同样具有重要的意义和应用价值。

首先，整合营销理论强调多渠道的整合。在图书馆营销中，图书馆可以通过整合线上线下渠道，如图书馆网站、社交媒体平台、实体图书馆等，将资源和服务向用户全方位展示和传播。通过多渠道的整合，图书馆可以提高服务的覆盖面和可及性，满足用户的多样化需求。

其次，整合营销理论强调信息的整合和传播。在图书馆营销中，图书馆可以通过整合各种信息资源，提供更加全面和丰富的知识服务，吸引用户关注和参与。同时，图书馆可以利用多种信息传播渠道，如官方网站、社交媒体、电子邮件等，将信息向用户传达和推广，提升用户的认知。

此外，整合营销理论强调策略的整合和协调。在图书馆营销中，图书馆可以通过整合各种营销策略和手段，如广告宣传、公关活动、促销优惠等，以提升图书馆的知名度和吸引力。通过策略的整合和协调，图书馆可以实现营销活动效益的最大化。

最后，整合营销理论强调用户体验的优化。在图书馆营销中，图书馆可以通过整合各种服务资源，来提供更加优质和便捷的服务，增强用户的满意度和忠诚度。通过不断优化用户体验，图书馆可以吸引更多的用户参与，实现服务的持续改进和提升。

（四）体验营销理论

体验营销理论强调营销活动应该以用户体验为核心，通过提供独特、愉悦和难忘的体验，来吸引和留住用户，从而达到营销的目的。在图书馆营销中，体验营销理论也有着重要的意义。

首先，体验营销理论强调提供独特的服务体验。在图书馆营销中，图书馆可以通过举办文化活动、展览展示、讲座讲演等方式，提供多样化的文化体验，吸引用户关注和参与。通过提供独特的服务体验，图书馆可以提升用户的认知，提高用户的满意度和忠诚度。

其次，体验营销理论强调情感和情感共鸣的重要性。在图书馆营销中，图书馆可以通过营造温馨、舒适、愉悦的服务环境，让用户感受到关怀，增强用户的情感认同和忠诚度。通过建立用户与图书馆之间的情感共鸣，图书馆可以实现用户的持续参与和支持。

此外，体验营销理论强调用户参与和互动的重要性。在图书馆营销中，图书馆可以通过开展用户参与式活动、提供个性化的服务、建立用户社群等方式，增强用户与图书馆之间的互动，从而提高用户的满意度和忠诚度。通过用户参与，图书馆可以更好地了解用户需求和反馈，调整和改进服务，增强用户的黏性和忠诚度。

最后，体验营销理论强调品牌建设和品牌体验的重要性。在营销中，图书馆可以通过建立鲜明的品牌形象和品牌价值观，提供一致、可信赖的服务体验，树立图书馆的品牌认知度和美誉度，从而吸引更多的用户关注和参与。通过品牌建设和品牌体验，图书馆可以长期稳定地发展和运行。

三、图书馆营销策略

图书馆营销策略是为了提升图书馆的知名度、吸引更多用户、增加用户满意度和提高社会影响力而制订的一系列计划。

1. 广告宣传策略

通过广告宣传，图书馆可以将自身的服务、资源和活动信息传播给更大的受众群体，从而提升知名度和形象。图书馆可以利用报纸、电视、网络等各种媒体平台发布广告。在校园报纸、校园电视台等校内媒体上发布图书馆的广告，能够直接触达到校内师生群体，提升他们对图书馆的认知。同时，图书馆可以通过网络媒体，如校园网站、社交媒体平台等，发布宣传视频、海报等内容，吸引更多学生和教职员工关注图书馆的服务和资源。

2. 活动举办策略

举办各类文化活动可以吸引不同群体的人士前来参与，丰富用户的文化生活，同时提升图书馆的社会影响力。例如，图书馆可以定期组织文化讲座，邀请专家学者进行学术交流或分享文化知识，吸引热爱学习的用户参与。此外，艺术展览、读书会等活动也是吸引用户的重要方式，通过展示艺术作品、举办书籍分享与交流活动，激发用户的兴趣，同时提升图书馆的社会地位。

3. 社交媒体营销策略

通过建立官方社交媒体账号，如微博、微信等，图书馆可以直接与用户进行互动和交流，传递图书馆的最新资讯、活动信息、资源推荐等，从而增强用户的参与感和归属感。首先，图书馆可以定期发布图书馆活动的信息和通知，包括讲座、展览、读书会等，吸引用户关注和参与。其次，图书馆还可以利用社交媒体平台分享图书推荐、阅读建议、学术资源等内容，满足用户的阅读需求和学习需求。同时，通过与用户进行在线互动和回复，解答用户的疑问，增强用户对图书馆的信任和忠诚度。

4. 用户体验优化策略

通过优化服务流程、改善设施设备、提升服务人员素质等方式，图书馆可以提升用户的满意度和忠诚度。首先，图书馆可以增加自助借还设备，提高借还效率，减少用户等待时间。其次，提供舒适的阅读环境，包括宽敞明亮的阅览室、舒适的座椅和环境等，让用户感受到愉悦和舒适。另外，提升图书馆工作人员的服务意识和沟通能力也是关键，他们应具备良好的服务态度、专业的知识水平，能够及时、有效地解决用户的问题，提升用户的满意度和忠诚度。

5. 合作伙伴关系策略

与学校、社区组织、文化机构等建立合作关系，共同举办各种活动，有助于推广图书馆的服务和资源，拓展用户群体，提升图书馆的社会影响力。首先，与学校合作举办读书活动、知识竞赛等，能够吸引学生参与，借助学校资源扩大活动影响范围。其次，与社区组织合作举办社区文化节、志愿者服务活动等，深入社区，可以提升图书馆在社区的知名度和美誉度。另外，与文化机构合作举办艺术展览、文化讲座等活动，可以推广文化资源，丰富用户的文化生活。

6. 用户参与式服务策略

开展用户调查、组织用户培训、设立用户建议箱等方式，鼓励用户参与图书馆的管理和服务规划，增强用户的参与感和满意度。首先，图书馆可以定期开展用户调查，了解用户对图书馆服务的需求和意见，及时调整和改进服务策略。其次，组织用户培训活动可以提升用户的信息素养和阅读能力，增强用户对图书馆的依赖和信任。另外，图书馆可以设立用户建议箱或在线平台，让用户随时提出建议和意见，参与图书馆的发展和改进，增强用户的参与感和归属感。

四、图书馆品牌营销

（一）图书馆品牌的概念和意义

图书馆品牌是指图书馆在用户心目中的整体形象和认知，是图书馆的核心竞争力和文化价值的象征。图书馆品牌不仅仅是一个标志或一个名称，更是图书馆所传达的价值观、服务理念和文化内涵的集合体现。图书馆品牌的建设与维护意义重大。首先，良好的品牌形象可以树立图书馆的公信力和权威性，提升用户对图书馆的信任度和认可度。其次，有力的品牌可以增强图书馆在竞争激烈的信息服务市场中的竞争力，吸引更多用户选择图书馆作为信息获取和知识传递的首选平台。此外，强大的品牌还能够为图书馆带来更多的社会资源和支持，为图书馆的发展提供有力保障。

（二）图书馆品牌识别系统

图书馆品牌识别系统是指图书馆标识、标志、图形、字体、色彩等视觉要素的组合，是图书馆品牌形象的直观表现。一个完善的图书馆品牌识别系统可以帮助用户在第一时间内辨认出图书馆的身份和特色，增强品牌的辨识度。图书馆品牌识别系统的建设包括图书馆标识设计、标志标识的规范化应用、图书馆品牌视觉形象的统一性等方面。通过统一的视觉形象和标识系统，图书馆可以在用户心目中树立稳固的品牌形象，提升品牌的知名度和认可度。

（三）图书馆品牌形象塑造

图书馆品牌形象塑造是指通过品牌传播、活动策划、服务创新等方式，塑造和传播图书馆的品牌形象，提升用户对图书馆的认知和好感度。图书馆品牌形象塑造的关键在于建立与用户需求相契合的品牌形象，强调图书馆的服务特色和文化价值，与用户建立情感联系。具体而言，可以通过举办文化活动、开展社交媒体营销、推出特色服务等方式，塑造图书馆具有亲和力、专业性和创新性的品牌形象，增强用户对图书馆的认同感和忠诚度。

（四）图书馆品牌资产管理

图书馆品牌资产管理是指对图书馆品牌价值和资源进行有效管理和保护的过程。图书馆品牌资产包括知识产权、品牌声誉、品牌文化等方面的资产。图书馆品牌资产管理的目的在于最大化品牌价值，提升品牌的持续竞争优势。具体而言，可以采取建立品牌管理团队、制订品牌管理制度、加强品牌监测和维护等措施，维护图书馆品牌的权益和形象，防止品牌形象受损或侵权行为的发生。

第二节　社区参与与合作伙伴关系管理

一、社区参与概述

（一）社区参与的概念和意义

社区参与是指社区居民积极参与社区事务、活动和决策过程的行为和过程。它强调了社区居民在社区发展中的主体地位和积极作用，是一种基于民主、平等和合作的参与方式。社区参与是民主治理的体现，是社区居民参与社会事务、管理和决策的一种重要方式。

社区参与的重要性体现在多个方面。首先，社区参与可以促进社区的发展。通过居民的积极参与，可以发挥社区的资源和潜力，解决社区存在的问题，提升社区居民的整体素质和生活品质。其次，社区参与有助于增强社区凝聚力和归属感。当居民参与到社区事务中时，他们会更加关心社区的发展和状况，增强社区的凝聚力和团结性。再次，社区参与可以提升民主意识和公民素养。通过参与社区事务和决策，居民可以增强自己的民主意识和参与意识，培养良好的公民素养和社会责任感。

在图书馆的运营和发展中，社区参与发挥着重要作用，能够促进图书馆与社区居民之间的互动与沟通，提升图书馆的服务质量和社会影响力。通过积极开展各类社区活动、开放图书馆空间供社区居民利用、组织社区文化交流等方式，图书馆能够与社区居民建立起更加紧密的联系和合作关系，满足社区居民的需求，提升服务的针对性和实用性。与社区居民的互动和合作，图书馆可以更好地了解社区的需求和关注点，调整和优化自身的服务内容和形式，提升服务的质量和效果，提升图书馆在社区中的地位和影响力。通过组织阅读推广活动、开展文化讲座、提供信息咨询服务等方式，图书馆可以引导社区居民积极参与学习活动，提升他们的阅读兴趣和能力，增强信息素养，促进社区居民的全面发展。

（二）社区参与的理论基础

1. 社会资本理论

社会资本理论强调了社会网络和信任的重要性，认为社会资本是个体或组织在社会关系中的资源和能力，是推动社会合作和社会发展的重要动力。在社区参与方面，社会资本理论强调了社区居民之间的关系网络和信任关系对于社区参与的影响。社会资本理论认为，具有丰富的社会关系和良好的信任关系的社区居民更容易积极参与社区事务，参与程度也更高。因此，图书馆可以通过促进社区居民之间的交流和合作，巩固社区居民之间的信任关系，提升社区参与的程度和质量。

2. 公共关系理论

公共关系理论强调了公共组织与公众之间的沟通和关系管理的重要性，认为有效的公共关系可以通过促进组织与公众之间的互动和合作建立良好的形象和声誉。在社区参与方面，公共关系理论强调了图书馆与社区居民之间的沟通和互动的重要性。图书馆需要通过有效的公共关系策略和沟通渠道，与社区居民建立起良好的关系和互动机制，了解他们的需求和期望，积极回应他们的关切和建议。通过公共关系的建设，图书馆可以提升在社区中的形象和地位，吸引社区居民的参与。

3. 社区营销理论

社区营销理论是指将营销理念和方法应用于社区发展和社区管理中的一种理论体系。它强调了在社区层面上进行市场营销活动，以满足社区居民的需求和期望，提升社区的整体环境和竞争力。社区营销理论与传统营销理论相比，更加关注社区的特殊性和复杂性，注重建立与社区居民之间的密切联系和长期合作关系。

社区营销理论的核心理念包括以下几个方面。首先，强调社区居民的参与和合作。社区营销不仅仅是一种单向的宣传推广活动，更注重与社区居民之间的互动和合作，通过与社区居民建立起密切的联系和合作关系，满足他们的需求和期望，提升社区的整体环境和生活水平。其次，注重社区的特殊性和差异性。社区营销需要根据不同社区的特点和需求，制订个性化的营销策略和方案，满足社区居民的多样化需求，实现社区的可持续发展。再次，重视社区的品牌建设和形象塑造。社区营销不仅仅是一种产品或服务的推广，更注重社区形象和文化的传播，通过塑造社区的良好形象，提升社区的知名度和美誉度，吸引更多人来到社区居住和生活。

4. 社区发展理论

社区发展理论是指通过有效的组织和管理，促进社区居民的参与和合作，实现社区整体发展和提升的一种理论体系。它强调了社区居民的主体地位和积极作用，注重了社区内部资源的整合和利用，是一种基于民主、合作和可持续发展的理念的社区发展模式。

社区发展理论的核心理念包括以下几个方面。首先，强调了社区居民的参与和自治。社区发展需要依靠社区居民的主动参与和合作，通过社区居民的共同努力和合作，实现社区内部资源的整合和利用，推动社区的整体发展。其次，注重了社区的内生性和自我发展能力。社区发展不仅仅依靠外部资源的输入和支持，更需要依靠社区内部的力量和资源，提升社区的自我发展能力，实现社区的可持续发展和提升。再次，重视了社区的文化和价值观。社区发展需要充分尊重和发扬社区的文化和价值观，通过弘扬社区的文化精神和价值理念，凝聚社区居民的共识和力量，推动社区的发展和进步。

二、图书馆社区参与策略

（一）社区需求分析

社区需求分析是指对社区居民的需求和期望进行调查和分析，以确定图书馆应该提供哪些服务和资源，以满足社区居民的需求和期望。这一步骤是制订社区参与策略的基础，有助于图书馆更好地了解社区居民的需求，有针对性地开展后续工作。图书馆可以采用多种方法，包括开展调查问卷、组织座谈会和焦点小组讨论、收集社区居民的反馈意见等，了解社区居民对图书馆服务的需求、对社区发展的期望、对文化活动的偏好等，为后续的社区参与策略制订提供依据。

（二）社区资源整合

社区资源整合是指将社区内部和外部的资源整合起来，充分发挥各种资源的作用，满足社区居民的需求。图书馆可以与社区内的学校、机构、企业等合作，共同开展各种活动和项目，丰富图书馆的服务内容，提升社区的整体素质和发展水平。图书馆可以与相关机构建立长期合作关系，共同开展各种社区服务项目和文化活动，例如与学校合作开展读书活动、与社区机构合作开展健康讲座、与企业合作开展职业培训等。通过充分整合社区资源，图书馆可以丰富自身的服务内容，满足社区居民的多样化需求，提升社区的整体发展水平。

（三）社区活动策划

社区活动策划是指根据社区需求和资源情况，设计和组织各种适合社区居民参与的活动和项目，促进社区居民的交流和合作，丰富社区文化生活，提升社区的凝聚力和活力。图书馆可以根据社区居民的需求和兴趣，制订多样化的活动方案，如读书分享会、文化讲座、艺术展览、手工 DIY 活动等。同时，还可以结合社区资源和特色，开展一些具有地方特色的活动，如传统文化体验活动、社区志愿者服务活动等。通过精心策划和组织，图书馆可以吸引更多的社区居民参与，提升社区居民的文化素养和生活质量。

（四）社区志愿者管理

社区志愿者管理是指招募、培训和管理社区居民作为志愿者参与图书馆的各项活动和服务项目，发挥他们的积极作用，促进社区的发展。图书馆可以制订相关的招募、培训和管理制度，建立起健全的志愿者队伍，同时还可以根据志愿者的专长和兴趣，为他们分配合适的工作任务，充分发挥他们的作用。通过社区志愿者的参与，图书馆可以拓展自身的服务范围和影响力，提升服务的效率和质量，加强图书馆与社区居民之间的联系和合作。

（五）社区文化建设

社区文化建设是指通过各种文化活动和项目，提升社区的文化软实力、社区居民的文化素养和身心健康水平。图书馆可以通过举办文化讲座、艺术展览、戏剧演出等活动，丰富社区的文化生活，营造和谐宜居的社区环境。图书馆可以充分利用自身的资源和优势，结合社区居民的需求和特点，开展各种具有地方特色和文化内涵的活动，同时还可以与社区内的文化机构、艺术团体等合作，共同推动社区文化建设，提升社区居民的文化素养和生活品质。通过社区文化建设，图书馆可以增强自身在社区中的地位和影响力，提升服务的可持续性。

四、图书馆合作伙伴关系管理

（一）图书馆合作伙伴关系管理

1. 合作伙伴识别与选择

图书馆合作伙伴关系管理首先需要关注合作伙伴的识别与选择。这包括对潜在合作伙伴进行调研和评估，了解其在相关领域的专业能力、资源情况、声誉和信誉等。图书馆可以通过市场调研、网络搜索、专业咨询等方式，找到与自身发展目标和需求相匹配的合作伙伴。选择合作伙伴，需要考虑其与图书馆的价值观和文化相符合程度，以及双方合作的潜在收益和风险等因素。

2. 合作目标与模式设计

确定合作伙伴后，图书馆需要明确合作的目标和模式。合作目标应该与图书馆的发展战略和服务理念相一致，具有一定的实际可行性和落地效果。合作模式可以根据合作内容和形式的不同进行设计，可以是资源共享、信息互换、服务协作、项目合作等多种形式。图书馆需要与合作伙伴进行充分沟通和协商，确定合作的具体内容、范围、时间和方式，建立起合作的共识和框架。

3. 合作关系建立与维护

建立合作关系是图书馆合作伙伴关系管理的关键环节。在建立合作关系时，图书馆需要加强与合作伙伴之间的沟通和交流，增进双方的了解和信任，建立起良好的合作关系，同时还需要建立起合作的组织和机制，明确双方的责任和义务，确保合作项目的顺利进行和达成预期目标。在合作关系建立后，图书馆需要不断进行关系维护，加强与合作伙伴之间的合作沟通，及时解决合作中出现的问题和矛盾，保持合作关系的稳定和持续发展。

4. 合作绩效评估与优化

合作绩效评估是图书馆合作伙伴关系管理的重要环节。通过对合作项目的绩效进行评估和分析，图书馆可以及时发现问题和不足，为合作关系的优化和升级提供依据。图书馆可以设计一套科学有效的绩效评估体系，从合作项目的成效、效率、质量等方面进行评估和分析，评估合作的长期价值和潜在风险，为优化合作关系提供决策支持，同时还需要与合作伙伴共同探讨合作项目的改进和创新方向，不断提升合作的水平和效益，实现共赢。

（二）图书馆与主要合作伙伴

1. 与政府部门的合作

图书馆与政府部门的合作可以促进图书馆的发展和服务的优化，也可以提升政府在文化教育领域的影响力和形象。政府部门可以为图书馆提供资金支持、政策倾斜和法律保障，促进图书馆的建设和发展。同时，政府部门还可以与图书馆合作开展各种文化活动和社区服务项目，推动文化建设和社会进步。例如，政府部门可以组织文化节庆活动、开展读书推广活动、举办文化讲座等，与图书馆合作共同举办，为社区居民提供丰富多彩的文化生活。

2. 与教育机构的合作

图书馆与教育机构的合作是促进教育和文化事业发展的重要途径，也是提升图书馆服务质量和社会影响力的有效方式。教育机构可以为图书馆提供学生资源、教学设备和教育资源等支持，促进图书馆的服务水平的提升。同时，图书馆可以与教育机构合作开展各种文化教育活动和项目，如读书推广活动、教师培训项目、学生阅读竞赛等，为教育机构提供多样化的文化教育服务，促进教育事业的发展。

3. 与企业的合作

图书馆与企业的合作可以促进资源共享、服务创新和社区发展，是一种双赢的合作模式。图书馆可以与企业合作开展文化活动、知识分享和社区服务项目，如企业文化讲座、员工培训项目、专业咨询服务等，丰富图书馆的服务内容，提升社区居民的文化素养和职业技能。同时，企业可以利用图书馆的资源和平台，开展企业社会责任活动、品牌推广和员工培训等，提升企业的社会形象和竞争力。

图书馆可以与企业合作开发数字资源、信息服务和科技创新项目，共同推动图书馆的数字化转型和智能化发展。例如，图书馆可以与企业合作开发数字阅读平台、智能图书推荐系统、在线学习课程等，为用户提供更便捷、个性化的服务，提升图书馆的服务品质和竞争力。与此同时，企业可以利用图书馆的资源和研究成果，进行创新研发和市场拓展，促进产学研合作和科技成果转化，实现双方的共同发展和进步。

图书馆还可以与企业合作开展社区建设和公益事业，共同为社区居民提供更优质的生活服务和社会福利。例如，图书馆可以与企业合作开展环境保护项目、健康教育活动、扶贫助学项目等，为社区居民提供更加全面的社会服务，提升社区居民的整体素质和幸福指数。通过与企业的合作，图书馆可以拓展服务领域和渠道，提升服务的可持续性和社会影响力，实现图书馆与企业之间的共同发展。

4. 与社会组织的合作

社会组织包括慈善机构、非营利组织、志愿者团体等，它们在社区发展和公益事业中发挥着重要作用，与图书馆的合作可以为社区居民提供更加多样化的服务。

图书馆可以与社会组织合作开展公益活动和社区服务项目，如慈善义卖、环保宣传、健康咨询等，为社区居民提供更全面的社会服务。通过与社会组织的合作，图书馆可以借助其专业能力和资源优势，拓展服务领域和渠道，满足社区居民多样化的需求和期待。图书馆可以与社会组织合作开展文化教育活动和公共项目，如青少年阅读推广、残障人士服务、社会关怀活动等，促进社区文化建设和社会和谐发展。通过与社会组织的合作，图书馆可以将文化教育资源和服务延伸至社区各个角落，为社区居民提供更加便捷和优质的文化服务。图书馆可以与社会组织合作开展志愿者服务和社区活动，共同推动社区发展和公益事业进步。通过与社会组织的合作，图书馆可以动员更多的志愿者参与到社区服务中来，发挥志愿者的专业特长和社会影响力，促进社区居民的自我教育和自我发展，推动社区的整体进步。

5. 与媒体的合作

媒体具有广泛的影响力和传播渠道，通过与媒体的合作，图书馆可以扩大服务范围、提升知名度、增加用户流量，进而促进社区文化建设和社会发展。

（1）媒体宣传报道

图书馆可以与新闻媒体、网络媒体等合作，通过报道图书馆的活动、服务项目、文化推广等内容，提升图书馆的知名度和形象。媒体的宣传报道可以让更多的人了解图书馆的服务特色和价值，吸引更多的读者和用户前来参与。

（2）广告推广

图书馆可以通过媒体发布广告，宣传图书馆的最新活动、资源推荐、服务优势等信息，吸引更多的目标群体关注图书馆。广告推广可以考虑报纸、电视、网络等多种媒体平台，并根据目标受众的特点和媒体的传播效果进行选择。

（3）社交媒体合作

图书馆可以与社交媒体平台合作，通过建立官方账号、发布内容、与用户互动等方式，提升图书馆的影响力。社交媒体具有快速传播、互动性强的特点，可以帮助图书馆与用户建立更紧密的联系和沟通。

（4）资讯合作

图书馆可以与新闻媒体、网络平台等合作，共享资源和信息，进行内容交流和合作报道。通过与媒体进行资讯合作，图书馆可以获取更多的信息资源和传播渠道，提升服务的覆盖面和影响力。

（5）活动合作

图书馆可以与媒体合作举办各种文化活动、读书推广活动、专题讲座等，共同为社区居民提供丰富多彩的文化服务。媒体可以为图书馆的活动提供宣传支持和报道服务，扩大活动的影响范围。

第六章　信息技术在图书馆管理与服务中的应用

第一节　图书馆自动化与集成管理系统

一、图书馆自动化的概念和发展

图书馆自动化是一个综合运用计算机和信息技术来提高图书馆服务效率和效果的过程。自动化系统不仅包括了自动检索和索引的系统，还涵盖了流通、目录、采购、馆藏开发和参考咨询等图书馆运作的多个方面。自动化的核心在于通过技术手段优化资源的组织、管理和利用，从而使图书馆的工作流程更加高效，同时为用户提供更便捷的信息服务。

图书馆自动化的概念可以追溯到 20 世纪 50 年代。随着计算机技术的诞生和发展，最早的图书馆自动化尝试开始出现。这些初步的尝试主要集中在图书馆目录的自动化上，例如，美国的 MIT 图书馆在 1963 年就开发了一套自动化的书目检索系统。这一时期，图书馆自动化主要依赖于大型的、昂贵的、中心化的计算系统，因此只有大型和有充足资金支持的图书馆才能尝试应用自动化系统。

进入 20 世纪 70 年代和 80 年代，随着个人电脑的出现和数据库技术的发展，图书馆自动化开始迅速扩展。图书馆开始利用计算机技术来管理图书馆的流通系统、编目系统以及信息检索服务。例如，图书馆目录从传统的卡片目录转变为在线公共访问目录（OPAC），极大地方便了用户的检索和访问。这一时期，自动化技术的普及和成本的降低使得更多的图书馆，包括中小型图书馆也能够开始应用自动化系统。

随着互联网的兴起和信息技术的不断进步，图书馆自动化进入了一个新的阶段。互联网不仅改变了图书馆的信息服务方式，也为图书馆自动化提供了更多可能性。图书馆不仅可以通过自动化系统提供传统的图书和期刊信息，还可以提供电子书、在线数据库、数字档案和其他多媒体资源。此外，自动化系统还开始融入新的技术，如云计算、大数据分析和人工智能，这些技术的应用使图书馆能够提供更为个性化和精准的服务，更好地满足用户的信息需求。

图书馆自动化的意义和作用是多方面的。首先，自动化极大提高了图书馆的工作效率。通过自动化的管理系统，图书馆的日常操作，如图书借还、目录更新和用户管理等，都变得更加快捷和准确。其次，自动化扩展了图书馆的服务功能。通过自动化系统，图书馆不仅能够提供更多种类的信息资源，还可以通过网络服务使这些资源的获取不受时间和空间的限制。此外，自动化还有助于图书馆提升服务质量。自动化系统可以对用户的行为和需求进行分析，帮助图书馆更好地理解用户需求，从而提供更为精准和个性化的服务。

总之，图书馆自动化是图书馆发展史上的一次重要革新。它不仅极大地提高了图书馆的工作效率，扩展了服务功能，还提升了服务质量，使图书馆能够更好地适应信息时代的需求，更有效地服务于公众。随着技术的不断进步，图书馆自动化仍将继续深化，未来的图书馆将更加智能化，更能满足用户多样化和高层次的信息需求。

二、图书馆集成管理系统概述

图书馆集成管理系统（Library Integrated Management System, LIMS）是一种专为图书馆设计的软件系统，目的在于整合各种图书馆管理功能于一个单一的、高效的系统中，以促进信息资源的更好管理和用户服务的优化。这种系统的设计体现了图书馆服务现代化的核心，是图书馆自动化战略的重要组成部分。

（一）集成管理系统的构成

图书馆集成管理系统通常由多个核心组件构成，这些组件协同工作，支持图书馆的所有主要业务流程。系统的构成通常包括硬件和软件两个方面。硬件部分包括服务器、网络设备和工作站，而软件部分则包括数据库管理系统、应用服务器和各种功能模块。在软件架构上，现代的集成管理系统趋向于采用基于云的服务模型，提供灵活、可扩展的解决方案，能够适应不同规模和类型的图书馆的需求。

（二）集成管理系统的功能模块

集成管理系统涵盖了图书馆运营的多个关键方面，主要功能模块包括：

1. 管理目录

支持图书馆目录记录的创建、编辑和检索，实现对图书馆馆藏的有效组织和管理。

2. 流通管理

处理图书的借阅和归还事宜，管理用户账户和借阅历史，自动更新馆藏状态。

3. 采购和馆藏开发

管理图书馆的采购流程，包括订单处理、收货、发票处理和预算跟踪。

4. 用户管理

维护图书馆用户的注册信息，管理用户权限和服务记录。

5. 电子资源管理

集成对电子书籍、期刊和数据库的访问，包括链接管理、访问统计和许可证管理。

6. 报告和统计

提供定制的报告功能，帮助图书馆管理者进行决策支持，监控图书馆的运营效率。

（三）集成管理系统的特点和优势

集成管理系统的主要特点在于其全面性和集成性。系统通过整合各种管理功能，减少了信息孤岛，提高了数据处理的效率和准确性。

通过自动化常规任务，如目录编制、借还书处理等，图书馆可以显著提升工作效率，减少人工错误。提供统一的用户接口和连贯的服务体验也有助于用户可以更方便地访问和使用图书馆资源。

集成系统易于与其他图书馆系统或第三方资源共享信息，扩大了服务范围和增加了服务深度。集成系统可以减少重复工作和优化资源利用，长远来看有助于降低运营成本。现代集成系统多基于开放的架构和云技术，易于根据图书馆的发展需要进行调整和扩展。

三、采访与目录编目系统

在现代图书馆管理中，采访与目录编目系统扮演着至关重要的角色。这些系统不仅涉及到图书馆资源的获取、整理和描述，也包括信息的共享与规范管理。这些系统的自动化、合作与规范化进程显著提升了图书馆的运行效率和服务质量。

（一）采编流程自动化

采编流程自动化是图书馆技术发展中的一大进步，主要指的是采访（资源获取）和编目（资源描述）过程的自动化处理。在传统图书馆中，这些任务往往需要大量的手工操作，包括选择和购买书籍、物理处理、手动输入目录记录等。自动化系统使这一流程更加高效，减少了人力成本和错误率。

在自动化系统中，图书馆工作人员可以通过集成的采编接口直接与书商和出版商的数据库连接，实现在线选择、订单处理和接收记录。例如，现代集成图书馔系统（ILS）或图书馆服务平台（LSP）能够自动处理订单、生成发票和更新预算。这些系统还可以自动导入书目数据，减少了手动编目的需求。

自动化系统通常包括高级编目工具。这些工具支持快速录入标准化的书目记录，包括 ISBN 扫描和对应的元数据自动填充功能。此外，自动化系统还支持条码扫描和 RFID 标签。这些工具帮助图书馆管理物理库存，自动更新馆藏状态和流通记录，极大提高了流通管理的效率。

（二）联合编目与元数据共享

联合编目和元数据共享是指在不同图书馆之间共享书目记录和元数据的做法，这种合作显著提高了编目的效率和一致性。通过共享元数据，一个图书馆创建的高质量书目记录可以被其他图书馆利用，从而避免了重复劳动，加速了图书馆材料的上架过程，并提高了目录数据的标准化水平。

元数据共享的实现通常依赖于共享平台或网络，如 OCLC 的 WorldCat、国家图书馆之间的共享服务等。这些平台允许图书馆上传自己的书目记录，并下载其他图书馆的记录以供本地使用。此外，这些系统还提供了工具和服务来帮助图书馆工作人员在本地订制和完善这些记录，确保它们满足特定集合的需要。

（三）规范控制与权威文件管理

规范控制和权威文件管理是确保图书馆目录数据质量和一致性的重要组成部分。规范控制涉及应用统一的格式和标准来描述图书馆材料，而权威文件管理则是指维护一组用于验证数据项（如作者名、主题词）正确性的权威记录。

通过实施规范控制，图书馆确保所有的目录记录遵循相同的格式和规则，如MARC记录标准或RDA（资源描述和获取）规则。这种统一性不仅使得图书馆的集合更易于管理和浏览，也支持了更有效的数据交换和共享。

权威文件管理则提供了一个权威来源，用于验证和规范名字和主题等元数据。这些权威文件通常由国家图书馆或国际组织维护，并通过图书馆集成管理系统集成到日常的编目工作中。例如，当图书馆工作人员创建新的目录记录时，系统可以自动提供针对权威数据的建议，以确保数据的准确性和一致性。

四、期刊与电子资源管理系统

在现代图书馆管理中，期刊和电子资源占据了极其重要的位置。这些资源不仅为用户提供了丰富的信息和知识，也推动了图书馆服务的现代化。有效管理这些资源需要专门的系统和工具，以确保资源的有效采购、整合和利用。

（一）期刊订购与发行管理

期刊订购与发行管理是图书馆日常运作中的基本活动之一。这包括期刊的选择、订购、接收、登记以及订阅关系的维护。随着信息技术的发展，许多图书馆已经采用了自动化系统来处理这些任务，这些系统可以自动跟踪期刊的订购状态、到期提醒和更新订阅。这种系统通常与供应商的数据库直接集成，使得图书馆能够实时查看期刊的最新出版情况，并做出及时的订购决策。

自动化的期刊管理系统还支持条形码扫描和RFID技术，这使得接收和归档期刊变得更加高效。此外，这些系统提供的报告功能可以帮助图书馆管理者了解期刊使用情况，优化期刊的采购策略。

（二）电子资源采购与整合

电子资源，包括电子书、电子期刊、数据库和其他数字媒体，已成为图书馆资源体系的重要组成部分。电子资源的采购与整合需要图书馆与多个内容提供商和平台进行协作。这不仅涉及到采购决策，还包括技术整合和访问管理。

电子资源管理系统（ERMS）为图书馆提供了一个集中的平台来管理这些资源。这些系统支持从选择和采购到许可证管理和访问控制的全过程。ERMS使图书馆能够有效地管理与供应商的合约，跟踪费用和支付状态，以及管理用户访问权限。

此外，随着云计算和API技术的发展，电子资源的整合变得更加灵活和高效。图书馆可以利用这些技术将不同来源的电子资源集成到统一的搜索和访问接口中，提供流畅的用户体验。

（三）电子资源使用统计分析

为了评估电子资源的价值和影响，以及优化资源配置和预算分配，电子资源的使用统计分析显得尤为重要。大多数现代电子资源管理系统都包含了强大的统计分析工具，可以收集和分析用户的访问数据。

这些统计分析工具可以提供详细的报告，例如访问量、下载次数、用户互动情况等，帮助图书馆了解哪些资源受欢迎，哪些不够有效。此外，高级的数据分析功能，如用户行为分析和趋势预测，也在逐渐被集成到管理系统中。这些功能不仅可以帮助图书馆提升服务质量，还能提供依据来进行战略规划和决策。

五、集成管理系统的选择与实施

在图书馆中引入或升级集成管理系统（ILS）是一项重要的决策，涉及多个阶段的细致规划和执行。这不仅影响到图书馆的日常运作效率，还直接关系到用户满意度和图书馆的未来发展。

（一）系统需求分析与评估

选择合适的集成管理系统前，首先进行系统需求分析与评估是至关重要的。这一过程包括确定图书馆的具体需求、预算限制以及期望实现的目标。

（1）与图书馆各部门协作，收集他们的需求和期望。这应包括目前系统的不足、期望改进的功能以及未来可能的需求扩展。

（2）研究现有的图书馆管理系统，比较它们的功能、可靠性、成本效益以及供应商提供的支持服务。研究通常包括查阅产品评测、用户反馈和案例研究。

（3）根据收集到的需求设计功能列表，并对比各系统提供的功能。同时，需要确定购买和维护系统的预算，确保选定的系统在财务上可行。

（4）考察供应商的信誉、服务质量和客户满意度。与供应商讨论订制需求的可能性，以及系统升级和技术支持的政策。

（二）系统集成与数据迁移

一旦选择了合适的集成管理系统，接下来的步骤是系统集成与数据迁移。这一阶段的成功至关重要，因为它涉及到旧系统数据到新系统的转移，以及新系统与图书馆当前工作流程的整合。在迁移数据之前，图书馆应对现有数据进行彻底的审核和清理，修正数据错误，删除无用数据。这可以保证迁移到新系统的数据是准确和高质量的。同时，图书馆还应与系统供应商合作制订详细的数据迁移计划。这通常包括数据格式转换、实际迁移测试和数据验证等步骤。在实际投入使用前，系统需要接受全面测试，确保所有功能按预期工作，数据正确无误，并与图书馆的其他系统兼容。

（三）系统培训与持续优化

系统投入使用并不意味着项目的结束，接下来的培训和系统优化同样重要。

为图书馆员工和用户提供详细的培训，确保他们理解系统的操作方法和功能。培训应包括面对面教学、在线课程及操作手册等。系统上线后，持续监控其性能和用户反馈。利用这些信息来进行必要的系统调整和优化。同时，图书馆要定期与系统供应商联系，跟进系统的更新和改进；确保获得持续的技术支持，以解决可能出现的技术问题；与供应商讨论升级计划，以便系统能够跟上技术发展的步伐。

通过这些综合策略的实施，图书馆可以确保集成管理系统有效地支持其长期的服务和发展目标，最大化投资的回报，提升图书馆的整体运作效率和用户满意度。

第二节　数据挖掘与大数据分析

在数字化时代，大数据已成为驱动多种行业进步的关键因素，图书馆领域也不例外。大数据的应用不仅改变了传统的图书馆管理方式，还升级了图书馆在信息服务、资源优化和用户体验方面的能力。

一、图书馆大数据概述

（一）大数据的概念和特征

大数据通常指的是在规模、复杂性或增长速度上超出常规数据库软件工具处理能力的数据集合。这类数据具有四个主要特征，通常称为"4V"：大量（Volume）、多样（Variety）、快速（Velocity）和价值（Value）。大量是指数据的规模巨大，可达到 TB 甚至 PB 级别；多样则说明数据来自多种类型和格式，包括文本、视频、图片等；快速代表数据流入的速度极快，需要实时或准实时处理；价值意味着这些庞大且复杂的数据中蕴含着可挖掘的重要信息，但这些信息往往并不是显而易见的，需要通过专门的工具和技术来识别和提取。

（二）图书馆大数据的来源

图书馆大数据主要来源于三个方面：用户交互数据、馆藏和资源管理数据及环境数据。用户交互数据包括用户在图书馆网站上的搜索记录、访问路径、下载行为、在线查询及预约等。此外，实体图书馆中的借阅记录、入馆记录和参与活动的数据也构成了用户交互数据的一部分。馆藏和资源管理数据包含图书馆的馆藏资源，包括图书、期刊、电子资源等的采购、分类、存储和使用情况数据。这些数据不仅包括元数据和书目数据，还涉及资源的流通和使用频率等统计信息。环境数据指图书馆操作环境中收集的数据，例如，图书馆的环境监测系统可能会收集温湿度数据，安全监控系统会产生入馆人员的流量和行为模式数据。此外，社会媒体和互联网上关于图书馆及其服务的讨论和反馈也是重要的数据来源。

（三）图书馆大数据分析的意义

图书馆大数据分析的重要性在于其能够帮助图书馆从多维度了解和提升服务质量，优化资源配置，并优化用户体验。

通过分析大数据，图书馆管理者可以获得关于用户行为和需求的深入见解，这些信息对于制订更符合用户需求的服务策略至关重要。例如，通过分析用户搜索和借阅行为，图书馆可以调整资源采购和分类，更精准地满足用户需求。

大数据技术可以帮助图书馆更高效地管理馆藏资源，通过对资源使用情况的分析，图书馆能够识别出哪些资源被频繁使用，哪些较少被查阅。这有助于图书馆合理配置预算和空间，例如减少不必要的资源重复购买和为高需求的资源增加投入。

利用大数据分析，图书馆能够提供更个性化的服务。例如，基于用户历史行为的数据分析，图书馆可以向用户推荐可能感兴趣的新书或活动，甚至在用户访问图书馆网站时提供订制化的信息。

大数据还可以帮助图书馆探索新的服务模式。例如，通过分析不同用户群体的活动和偏好，图书馆可以开发新的交流平台或学习工具，推动图书馆服务的多元化和现代化。

总结来说，图书馆大数据不仅仅是技术的应用，更是一种使图书馆能够更好地适应数字化时代需求的战略资源。通过精确的数据分析和洞察，图书馆能够提升其服务的效率，更好地服务于公众。

二、图书馆数据挖掘应用

在图书馆管理中，数据挖掘技术的应用已成为提升服务质量和馆藏资源利用效率的重要手段。通过精细化分析读者行为和馆藏利用情况，图书馆可以更好地了解用户需求，优化资源配置，并制订更为有效的服务策略。

（一）读者行为分析

读者行为分析主要关注的是用户在图书馆内外的各种活动，包括但不限于书籍借阅、在线资源访问、查询系统使用习惯，以及参与图书馆活动的情况。通过对这些数据的挖掘，图书馆可以揭示用户的偏好、需求变化和沟通方面的潜在问题。

读者的借阅记录提供了关于阅读偏好和流行趋势的直接信息。图书馆可以利用这些数据来调整书籍购置策略，例如增加热门主题或作者的书籍供应，减少冷门书籍的采购。此外，通过分析借阅频次和时间，图书馆能够确定特定书籍或资源的使用高峰期，从而优化书籍的存放位置和数量，改善用户的借阅体验。

在线资源的访问数据同样重要。图书馆可以分析用户在电子资源平台上的搜索行为、访问路径和下载记录，从而了解哪些电子资源受欢迎，哪些较少被访问。这不仅帮助图书馆优化电子资源的购买和订阅决策，还能指导图书馆对电子资源的分类和推荐策略进行调整。

（二）馆藏利用分析

馆藏利用分析则更侧重于评估图书馆资源的整体使用效率和有效性。这包括书籍、期刊、多媒体资料及其他形式馆藏的使用情况。通过数据挖掘，图书馆管理者可以得到馆藏资源的利用率、借阅频次、历史趋势等关键数据。例如，通过分析不同类别馆藏的借阅和预约数据，图书馆可以识别出用户需求较高或较低的资源种类。这种分析可以帮助图书馆调整资源配置，比如增加热门领域的投资，削减长期低利用率资源的存量。此外，对于那些虽然借阅率不高但具有重要研究价值的资源，图书馆也可能采取特别措施来提升其可见性和使用率，例如通过主题展览或学术讲座推广这些资源。

（三）服务质量评价

服务质量评价是图书馆管理中的一个重要方面，它涉及评估图书馆提供服务的有效性和用户满意度。在这个过程中，数据挖掘技术可以对大量的用户反馈、服务使用记录以及互动数据进行分析，从而提供有关服务表现的深入见解。

通过分析用户的反馈数据，包括在线调查、意见箱信息及社交媒体上的评论，图书馆可以获取用户对服务的直接评价。这些数据可以被用来识别服务中的强项和弱项。例如，如果大量用户在调查中指出自助借还设备使用复杂，图书馆可能需要考虑改进设备的用户界面或增加相应的用户指导。

图书馆可以通过分析交易记录和用户在图书馆的行为模式，如访问频率、参与活动的数量及服务的综合使用情况，来评估服务的覆盖范围和参与度。低频率的访问或服务使用可能表明服务推广力度不足或用户需求未被充分满足。

图书馆还可以利用数据挖掘技术来进行长期趋势分析，评估服务改进措施的效果。例如，通过比较新服务推出前后的用户满意度和使用数据，图书馆能够判断改进措施是否有效，并调整未来的服务策略。

（四）决策支持分析

决策支持分析则更加侧重于为图书馆的战略规划和运营决策提供数据支持。在这一过程中，图书馆管理者可以利用数据挖掘技术来发现潜在的问题、机会，并预测未来的趋势。例如，通过分析历史数据，图书馆可以预测特定服务或资源在未来的需求，从而提前进行资源配置和预算分配。数据挖掘可以帮助图书馆识别哪些资源经常被借出，哪些资源长时间未被利用，从而指导图书馆优化其资源配置。

决策支持分析还可以涉及到图书馆的空间使用和人力资源管理。例如，数据挖掘可以帮助图书馆分析用户在图书馆内部的移动模式，这种信息可以被用来优化图书馆内部的布局，改善用户体验。同样，通过分析员工的工作表现和服务成果，图书馆可以更有效地进行人力资源规划和培训。在实施这些分析时，图书馆需要确保数据的质量和分析方法的准确性。这通常需要图书馆与数据科学家或信息技术专家合作，确保使用的技术和工具可以准确地反映和解析数据。

三、图书馆大数据分析技术

在图书馆领域，大数据技术的引入正在革新传统的信息管理和服务模式。这种技术涉及复杂的数据集合的存储、处理和可视化，这些步骤对于挖掘和利用大数据至关重要。了解这些技术如何应用于图书馆可以帮助管理者更好地设计服务，提升用户体验，并优化资源配置。

（一）大数据存储与处理

在图书馆大数据的应用中，数据存储和处理是基础且核心的部分。随着数据量的激增，传统的数据库系统常常难以满足存储和处理的需求，因此，更高效的技术解决方案成为必要。

对于图书馆而言，数据存储不仅要求容量大，还要求能够支持高并发访问和高可靠性。分布式文件系统如 Hadoop Distributed File System（HDFS）和云存储服务成为了理想的选择。这些系统可以在多台物理或虚拟服务器上分布存储数据，不仅提高了数据的访问速度，也提高了数据的安全性和灾难恢复能力。

数据处理涉及数据的清洗、整合、转换和分析等一系列操作。在大数据环境中，这通常需要借助专门的软件和算法。例如，Apache Hadoop 是一个开源框架，它允许分布式处理大规模数据集。Hadoop 利用 MapReduce 编程模型来并行处理大量数据，这显著提高了处理效率。另外，Spark 作为一个更加高效的大数据处理工具，提供了更快的数据处理方式，尤其在内存计算方面表现出色。

在存储和处理数据的同时，有效的数据管理也是必不可少的。这包括数据的安全性管理、权限控制、数据备份和数据质量控制。对于图书馆而言，确保用户数据的隐私和安全尤为重要，因此采用先进的加密技术和严格的数据访问控制策略是必要的。

（二）大数据可视化分析

大数据的另一个关键方面是如何将分析结果有效地呈现给决策者和用户。大数据可视化是使数据分析结果易于理解和操作的技术，它通过图形化的方式展示数据，帮助用户快速把握信息，发现模式。

现代图书馆使用各种可视化工具来展示数据分析结果。这些工具，如 Tableau、Power BI 和 Google Charts，能够将复杂的数据转化为图表、地图、图形等形式，使得非技术用户也能轻松理解。通过这些工具，图书馆可以创建动态的仪表板，实时显示图书馆资源使用情况、用户行为分析结果和服务评价等信息。

除了数据的静态展示，现代可视化技术还强调与用户的交互。用户可以通过操作界面筛选、排序、深入探索数据，甚至进行在线分析。这种交互性不仅提升了用户的体验，也使得决策过程更加高效和精准。

通过有效的数据可视化，图书馆管理者可以更快地做出基于数据的决策。例如，可视化分析可以揭示特定时间段内用户访问量的峰值，帮助图书馆调整开放时间或资源配置；也可以分析不同用户群体的偏好，为个性化服务提供依据。

（三）机器学习与人工智能应用

机器学习和人工智能在图书馆领域的应用日益增多，这些技术正在改变图书馆分类、推荐和检索信息资源，以及与用户进行交互的方式。机器学习模型能够从大量的用户行为数据中学习并预测用户的需求和偏好，这对于个性化服务的提供尤为重要。

利用机器学习算法，图书馆可以构建推荐系统，根据用户的历史行为和偏好自动推荐书籍、文章或其他资源。这种系统通过分析借阅记录、搜索查询和用户评级，能够向用户提供高度订制的内容推荐。

人工智能在自然语言处理（NLP）方面的应用使得用户可以通过自然语言与图书馆的搜索系统进行交互。例如，聊天机器人可以理解用户的查询意图并提供相应的帮助和建议，极大地提升了用户体验和服务的可及性。

在图书馆的数字馆藏管理中，人工智能的图像识别技术可以自动分类和标记大量的视觉内容，如历史文档和艺术作品的数字化副本。这不仅提高了资料整理的效率，也便于用户检索和利用这些资源。

（四）大数据分析平台构建

为了充分利用机器学习和 AI 技术，构建一个高效的大数据分析平台是必要的。这个平台的设计需要考虑数据的收集、存储、处理和分析等多个方面，确保能够支撑起图书馆大数据需求。

大数据分析平台首先需要能够整合来自图书馆不同服务点和系统的数据，包括图书流通数据、用户互动数据、在线资源使用数据等。这要求平台具备强大的数据集成能力，能够处理不同格式和来源的数据。

鉴于图书馆数据的体量和复杂性，大数据平台需要依赖于高性能的存储和计算解决方案。这可能包括使用分布式数据库、云存储和计算服务，以及采用最新的硬件技术以支持数据的高速读写和实时处理。

为了使非技术用户也能利用大数据分析的成果，平台需要提供易用的分析工具和友好的用户界面。这包括数据可视化工具、用户查询接口以及报告生成器等，这些工具可以帮助图书馆工作人员和管理者轻松地进行数据探索和报告制作。

在处理大量的用户数据时，保证数据的安全和用户隐私是极其重要的。大数据平台需要实施严格的安全措施，如数据加密、访问控制和定期的安全审计，以防止数据泄露和滥用。

通过这样的技术整合和平台建设，图书馆能够更好地利用现有的数据资源，提供更高质量的服务，同时也为未来的图书馆服务创新奠定基础。机器学习和人工智能的引入，联合高效的大数据分析平台，不仅能够提升图书馆的操作效率，还能极大地丰富用户体验，增强图书馆在信息时代的竞争力。

四、图书馆决策大数据应用

在图书馆管理中，大数据应用提供了强大的决策支持，使图书馆能够以数据驱动的方式优化其服务和运营。这种方法不仅提高了资源的利用效率，还推动了服务的创新和运营管理的精细化。

（一）采访决策支持

采访，即图书馆资源的采购决策过程，是图书馆资源管理中的关键环节。大数据分析在这一过程中起到了至关重要的作用。通过分析历史采购数据、用户行为数据以及市场趋势，图书馆可以更精准地预测未来的资源需求，从而作出更有根据的采购决策。例如，利用过去的借阅数据和在线资源的访问数据，图书馆可以识别出哪些主题或哪些作者的作品更受欢迎，哪些资源即将过时。此外，通过比较不同供应商的价格和服务，图书馆可以选择性价比最高的资源，从而优化采购预算和提高资源的投资回报率。

（二）资源配置优化

资源配置是图书馆运营中的另一个重要方面，涉及到书籍、电子资源、空间和人力资源的分配。大数据技术允许图书馆通过深入分析利用率和用户满意度等指标，来优化这些资源的配置。例如，通过分析图书和电子资源的利用数据，图书馆可以调整资源的分类、布局和推广策略，确保高需求的资源更容易被用户访问。在空间配置方面，图书馆可以分析入馆人数和活动参与度的数据，以优化阅览室、会议室和活动空间的规划和使用。此外，通过分析工作人员的工作负载和服务效率，图书馆可以更合理地安排人力资源，提高服务质量和工作效率。

（三）用户服务创新

用户服务创新是图书馆持续吸引和满足用户需求的关键。大数据分析支持图书馆在了解用户需求和行为模式的基础上，创新服务产品和服务模式。例如，通过分析用户的搜索行为和交互数据，图书馆可以开发个性化的推荐系统，向用户推荐可能感兴趣的书籍和资源。同时，图书馆可以通过分析参与在线和实体活动的用户数据，设计更受欢迎的活动和工作坊，增加用户参与度和满意度。此外，大数据还可以帮助图书馆识别特定用户群体的特殊需求，从而开发针对性的服务，如针对老年读者的大字体书籍或专门的技术辅导课程。

（四）运营管理优化

运营管理优化是大数据应用的另一个重要领域。通过收集和分析各种运营相关数据，图书馆可以优化其日常管理和长期战略规划。例如，大数据技术可以帮助图书馆监控能源使用情况和设施维护需求，从而优化能源管理和降低维护成本。此外，通过分析用户满意度调查、反馈和投诉数据，图书馆可以及时发现服务中的问题和用户的不满因素，快速作出响应和调整。在战略规划方面，大数据分析提供的趋势预测和模式识别可以帮助图书馆管理层制订更符合未来发展的政策和计划。

总之，大数据的应用使图书馆多个方面实现优化和创新。不仅提高了图书馆的运营效率和资源利用效率，还极大地增强了图书馆服务的个性化和用户满意度，推动图书馆服务向更高水平发展。

第三节　云计算与移动技术

一、云计算概述

在当今信息技术迅速发展的时代，云计算已经成为了图书馆等信息管理机构改革与创新的重要推动力。云计算的核心优势在于其弹性、成本效益、可访问性、多租户性和自动化管理，使得它成为了提高服务质量和操作效率的关键技术。通过分析云计算的基本概念与特点、服务模式，以及它在图书馆中的应用价值，我们可以深入了解云计算如何促进图书馆服务的现代化和全球化。

云计算是通过互联网提供按需计算资源和服务的技术，包括硬件（如服务器、存储设备）和软件资源（如应用程序和服务）。这些资源的提供具有高度的弹性和可扩展性，意味着用户可以根据需求随时增加或减少资源使用，而无需承担维护和升级的高昂成本。云计算的可访问性确保用户能够在任何时间、任何地点访问服务，极大地提升了工作和使用的灵活性。此外，云计算的多租户性能保障了不同用户在共享资源的同时拥有各自独立的数据空间，维护数据的安全和隐私。

云计算的服务模式主要分为基础设施即服务（IaaS）、平台即服务（PaaS）和软件即服务（SaaS）。这些服务模式涵盖了从基础设施建设到应用程序开发和部署的全方位需求，为图书馆等机构提供了灵活多变的技术支持选项。例如，IaaS允许图书馆自主控制底层的硬件资源，而PaaS和SaaS则分别提供了开发平台和直接可用的软件应用，极大简化了技术操作和管理，允许图书馆更专注于服务创新和优化。

在图书馆领域，云计算的应用价值体现在多个方面。首先，云平台使得图书馆能够更容易地实现资源和服务的共享。多个图书馆可以共享同一个云上的目录系统，减少了技术维护的成本和工作量，同时也促进了资源的互联互通和知识的共享。其次，云服务提供的数据存储和备份解决方案为图书馆的电子资源和事务数据提供了安全可靠的管理方式。此外，云计算还提高了图书馆服务的可访问性和效率，通过云平台，图书馆可以向用户提供全天候的远程访问服务，满足用户随时随地的信息需求。最后，云计算支持图书馆在用户服务上进行创新，如开发基于 AI 的个性化推荐系统，改善用户的检索体验和提升服务质量。

二、云计算在图书馆中的应用

云计算在图书馆中的应用已经成为提高效率、优化资源和改进服务的重要工具。通过各种云服务，图书馆能够更灵活、成本效益更高地管理数据、运行应用程序，并提供创新的用户服务。以下将探讨云存储与云备份、云桌面与云应用、云计算中心与云服务器以及云数据中心与软件即服务等方面的应用。

（一）云存储与云备份

云存储提供了一种安全且经济的方式来存储、管理和备份图书馆的数字资源，包括电子书籍、电子期刊、数据库、数字档案及多媒体材料等。与传统的本地存储相比，云存储具有高度的可扩展性和可靠性。图书馆可以根据需要增减存储容量，而无需投资昂贵的硬件设备。此外，云备份服务提供自动化的数据备份解决方案，确保数据在意外情况如系统故障或灾难时的安全和完整性，同时也支持快速的数据恢复。

（二）云桌面与云应用

云桌面和云应用允许图书馆通过互联网提供整个桌面环境和应用程序给用户和工作人员，无论他们身在何处。这种服务模式支持远程访问图书馆的内部应用，如目录检索系统、管理信息系统以及各种办公软件，使工作人员和用户可以在任何设备上体验一致的操作界面和功能。这种灵活性极大地提高了图书馆服务的可访问性和便利性，同时减轻了图书馆在 IT 支持和维护上的负担。

（三）云计算中心与云服务器

云计算中心和云服务器为图书馆提供了强大的数据处理能力和宽广的网络带宽，支持大规模的数据分析、复杂的搜索操作及高流量的用户访问。通过使用云服务器，图书馆能够运行资源密集型的应用程序，如大数据分析和机器学习算法，以挖掘用户行为模式、优化馆藏布局和提升个性化服务。这些服务器通常按使用量付费，避免了传统服务器带来的前期投资和维护成本。

（四）云数据中心与软件即服务（SaaS）

云数据中心为图书馆提供了一种集中管理数据和应用的解决方案，它通过分布式的数据中心确保了服务的高可用性和灵活性。此外，软件即服务（SaaS）模式使图书馆能够订阅商业软件而非购买，如 CRM 系统、ERP 系统或任何其他专业应用，这些软件更新迅速，且由供应商负责维护。通过 SaaS，图书馆可以减少对专业 IT 技能的依赖，将更多资源和注意力集中在服务创新和用户体验上。

三、移动技术在图书馆的应用

随着移动技术的飞速发展，图书馆界也逐渐融入了这种技术革新，使得图书馆服务更加便捷、高效且用户友好。移动设备与应用、移动阅读、移动参考咨询以及移动图书馆服务都在现代图书馆服务中扮演着越来越重要的角色。

（一）移动设备与移动应用概述

移动设备，如智能手机和平板电脑，已经成为人们日常生活中不可或缺的一部分。这些设备的普及为图书馆提供了一个巨大的机会，即通过移动应用（App）来延伸和增强其服务的可达性和实时性。移动应用使用户能够随时随地访问图书馆的服务和资源，无论是电子书、音频书、在线期刊还是其他数字化文档。此外，这些应用通常集成了搜索功能、个人账户管理、书目引用及预约系统等，极大地提升了用户的使用体验和满意度。

（二）移动阅读与数字资源获取

移动阅读是图书馆移动技术应用中的一个重要方面，它允许用户通过移动设备随时随地进行阅读。图书馆可以通过自己的移动应用或与第三方电子书平台合作，提供广泛的电子书籍和期刊资源。这些数字资源通常支持跨平台访问，并且具有便捷的下载、离线阅读以及互动功能，如文字查找、字体调整和夜间模式等。此外，移动设备上的阅读软件还可以提供书签、笔记和高亮显示等功能，进一步优化阅读体验。

（三）移动参考咨询与导航服务

随着移动技术的整合，图书馆还能够提供移动参考咨询和导航服务。这些服务允许用户通过移动设备直接与图书馆工作人员进行互动，无论是通过即时消息、视频聊天还是社交媒体平台。这种实时的参考服务使得用户可以在信息检索中获得即时的帮助和建议。同时，一些图书馆应用还整合了室内导航系统，帮助用户在图书馆内部轻松找到特定的图书或资源，以及将用户引导到到不同的服务区域，这对于大型图书馆尤其有用。

（四）移动图书馆与泛在服务

移动图书馆服务通过将图书馆的服务推广到图书馆的物理边界之外，让图书馆的服务无处不在，随时可得。这包括流动图书馆服务，即利用装备了无线网络和数字设备的车辆，到访偏远地区或学校，提供图书借阅和数字教育资源。此外，图书馆还可以利用 QR 码技术，用户只需扫描码就可以下载电子书或访问特定的学习资料。这种服务模式不仅扩大了图书馆服务的地理覆盖范围，也使得图书馆能够触及到更多传统服务难以覆盖的用户。

四、图书馆移动服务建设

在数字化时代背景下，图书馆为了更好地满足用户需求，正在逐步向移动服务领域扩展。构建有效的图书馆移动服务不仅包括移动应用程序的开发和移动网站的设计，还涉及到移动设备使用环境的优化以及移动服务的推广和用户培训。

（一）移动应用程序开发

移动应用程序的开发是图书馆提供移动服务的核心。一个成功的图书馆移动应用应当集成多种功能，包括但不限于图书检索、电子书阅读、账户管理、预约服务以及即时咨询等。开发这样一个应用需要图书馆与软件开发团队紧密合作，确保应用的界面友好且易于操作，同时能够安全地处理用户数据和交易。此外，移动应用还应该具备良好的可扩展性和兼容性，能够支持多种操作系统和设备，以覆盖更广泛的用户群体。

在开发过程中，需求收集和用户反馈是非常关键的步骤。图书馆应通过调查、访谈和用户测试等方式，了解用户的具体需求和使用习惯，以指导应用的功能设计和优化。此外，应用的安全性也是不容忽视的部分，开发团队需要确保所有用户数据的加密传输和存储，以保护用户隐私。

（二）移动网站设计与优化

除了移动应用，移动友好的图书馆网站同样是提供优质移动服务的重要平台。一个优秀的移动网站不仅应具有飞快的加载飞快和简洁的用户界面，还应该提供与桌面版本网站相同的功能，如资料搜索、在线资源访问和个人账户管理等。

在设计和优化移动网站时，图书馆需要关注网站的响应式设计，确保网站能够在各种屏幕大小和分辨率的设备上自动调整布局，提供一致的用户体验。此外，图书馆还应优化网站的导航结构和页面元素，使得用户能够在移动设备上轻松地进行操作，如简化表单、优化按钮和链接的大小，以及提供清晰的指示和反馈。

（三）移动设备使用环境优化

为了最大限度地发挥移动服务的效用，图书馆还需要优化移动设备的使用环境。这包括提供充足的无线网络覆盖、安装易于使用的充电站及设置专门的移动设备使用区域。图书馆应确保无线网络覆盖全馆，提供稳定且快速的网络连接，以支持用户在图书馆内部使用移动设备访问在线资源和服务。考虑到移动设备电量的限制，图书馆可以在阅览区域配备充电站，方便用户为其设备充电，也可以考虑设计专门的移动设备使用区域，提供舒适的座椅和适宜的光线，使用户在使用自己的设备时更加方便舒适。

（四）移动服务推广与用户培训

推广和用户培训是确保移动服务成功实施的关键环节。图书馆需要通过多种渠道宣传其移动服务，如社交媒体、图书馆网站、邮件通讯及图书馆内的宣传材料等，提升用户对这些服务的认知度。

为了帮助用户充分利用这些移动服务，图书馆还应开展针对性的用户培训程序。这些培训可以通过现场教学、在线教程或者互动研讨会的形式进行，内容覆盖如何安装和使用移动应用，如何在移动网站上查找资源，以及如何利用移动设备进行自助服务等。这些教育活动不仅可以提升用户的使用技能，还可以收集用户的反馈，进一步优化服务。

第四节　人工智能技术在图书馆服务中的应用

人工智能是现代科技领域中引人注目的进展之一，其影响迅速扩展到了各行各业，包括图书馆服务领域。人工智能的核心在于赋予机器模拟、理解并执行人类智能行为的能力，这一技术的发展和应用正在彻底改变信息管理和客户服务的传统方式。

人工智能，通常指的是使机器能够执行通常需要人类智能才能完成的任务的技术领域。这包括感知、推理、学习、语言理解和问题解决等能力。从 1956 年在达特茅斯会议上首次提出这一概念开始，人工智能经历了多次"寒冬"与"复苏"，如今已发展成为科技领域中活跃和具前瞻性的分支之一。早期的人工智能研究集中在逻辑推理和知识表示上，而现代人工智能技术则更侧重于机器学习、深度学习和自然语言处理，这些技术使机器能够通过大量数据学习到复杂的模式和决策过程。

一、自然语言处理在图书馆的应用

在图书馆领域，自然语言处理（NLP）技术的应用正在日益扩展，为传统的图书馆服务带来革新和提升。通过智能问答与对话系统、文本分析与主题发现，以及机器翻译与多语种服务，自然语言处理技术不仅提高了图书馆的服务效率，还增强了图书馆资源的可访问性和利用率。

（一）智能问答与对话系统

智能问答和对话系统是自然语言处理在图书馆中的一种重要应用，这些系统通过理解用户的查询意图和上下文来提供准确的信息或执行特定的任务。例如，图书馆可以部署聊天机器人来处理用户的常见查询，如馆藏查询、开放时间、活动信息等。这些聊天机器人可以集成在图书馆的网站、移动应用或社交媒体平台上，提供 24/7 的即时响应服务。通过自然语言处理技术，聊天机器人能够理解和生成自然语言，使用户交互更为流畅和自然。此外，这些系统通过不断学习用户的提问模式和反馈，逐步优化其回答准确率和交互质量。

（二）文本分析与主题发现

文本分析与主题发现是自然语言处理中的另一项关键技术，它帮助图书馆从大量的文本数据中提取有用信息。图书馆可以利用这些技术对馆藏的书籍、期刊文章或其他文档进行内容分析、自动识别和主题分类。例如，通过分析借阅数据和电子资源的使用情况，图书馆可以发现特定主题的流行趋势或用户兴趣的变化。这不仅有助于图书馆优化资源采购和推广策略，还能为用户推荐更精准的阅读材料或研究资源。此外，文本分析技术还可以应用于用户生成的内容，如在线评论和讨论，帮助图书馆提升用户参与度。

（三）机器翻译与多语种服务

随着全球化趋势和多元文化背景的用户群体的增加，机器翻译和多语种服务在图书馆服务中变得尤为重要。自然语言处理使图书馆能够提供跨语言的信息访问和服务，如将查询结果、文档或网站内容自动翻译成用户的首选语言。机器翻译技术的应用不仅增加了非英语用户的访问便利性，也极大地扩展了图书馆服务的覆盖范围。此外，多语种服务还包括支持多语言搜索和内容创建，使图书馆能够更有效地服务于多样化的用户群体。

二、机器学习在图书馆的应用

机器学习技术正在逐渐成为图书馆服务和管理中不可或缺的一部分，特别是在用户行为分析、资源利用预测、决策分析、自动分类以及知识图谱的构建等领域。通过应用机器学习算法，图书馆能够更加智能化地处理大量数据，提供更精准的服务，并优化库藏管理。

（一）用户行为分析与个性化推荐

机器学习在图书馆用户行为分析和个性化推荐系统中扮演着核心角色。通过分析用户的历史借阅数据、搜索习惯、阅读偏好和互动记录，机器学习模型可以识别出用户的兴趣和需求。基于这些分析结果，图书馆能够向用户推荐可能感兴趣的书籍、文章、活动或其他资源。例如，使用协同过滤、内容推荐系统或深度学习技术来分析用户行为数据，系统可以自动推荐与用户以往选择相似的或相关的新资源。这种个性化推荐不仅提高了用户满意度，也增加了图书馆资源的使用率。

（二）资源利用预测与决策分析

机器学习同样适用于对图书馆资源的利用情况进行预测，并辅助进行决策分析。通过历史数据模型可以预测特定书籍或资源的需求趋势，帮助图书馆在采购、资源配置和预算分配上作出更为科学的决策。此外，机器学习技术可以帮助分析不同服务的使用情况，如阅览室、电子资源和参考咨询等，从而优化这些服务的管理。这种数据驱动的决策支持系统使图书馆能够更有效地响应用户需求，同时合理控制运营成本。

（三）自动分类与知识图谱构建

在信息组织和知识管理领域，机器学习技术尤其显示出其强大的功能。自动分类系统通过学习和应用文本分析算法，可以自动为新入库的书籍和资源打上合适的分类标签。这不仅提高了分类的效率，还保证了分类的一致性和准确性。此外，机器学习还被用于构建知识图谱——一个复杂的网络，用于表达和分析各种知识实体之间的关系。在图书馆领域，知识图谱可以帮助管理和连接大量的元数据，改善信息检索的准确性和深度，并提供更丰富的上下文信息。

三、计算机视觉与语音识别应用

在数字化和智能化快速发展的今天，计算机视觉和语音识别技术已成为推动图书馆服务创新的重要技术手段。这些技术不仅提升了图书馆的运营效率，还提升了用户的互动体验。

（一）图像识别与数字化加工

图像识别技术在图书馆的数字化加工项目中发挥着重要作用。利用计算机视觉技术，图书馆可以自动化地处理大量的图像和文档资料，例如，将实体文献快速转换成数字格式。这种技术可以识别文档中的文字、图表和图片，自动进行格式化处理，从而极大提高数字化的速度和质量。此外，图像识别还可以用于图书馆的藏品管理，如对书籍封面、艺术品等视觉信息进行自动识别和分类，便于建立更加精确和系统的电子目录。

（二）人脸识别与安全监控

人脸识别技术在图书馆的安全监控系统中越来越常见。通过安装能进行人脸识别的监控摄像头，图书馆可以实现更高效的访客管理和安全控制。例如，人脸识别系统可以用于控制图书馆的入口和敏感区域的访问，只允许授权的个人进入。此外，这项技术还可以辅助图书馆工作人员监测并防范潜在的安全威胁，如未授权的入侵或异常行为的自动检测。在紧急情况下，人脸识别系统还能快速识别并追踪特定个体的行踪。

（三）语音识别与语音导航

语音识别技术为图书馆提供了一个新的互动接口，使用户能够通过语音命令查询信息、借阅图书或获取导航指引。这项技术尤其对行动不便或视力受限的用户友好，它允许用户通过简单的语音交互来完成复杂的查询和操作，极大地提升了图书馆的可访问性。例如，用户可以直接向图书馆的智能助手询问"附近的历史书在哪里？"或者"我可以借阅哪些关于天文的新书？"。此外，语音导航系统可以协助用户在图书馆内部找到特定的位置或资源，为用户提供便捷的导航服务。

四、智能机器人与虚拟助理

在图书馆领域，智能机器人和虚拟助理的运用正变得越来越普遍，为传统图书馆服务带来现代化的转变。这些技术不仅能提供智能问询与参考咨询，还能支持智能导览和实景导航，甚至在虚拟会议和在线培训中发挥关键作用。

（一）智能问询与参考咨询服务

智能机器人和虚拟助理在图书馆的参考咨询服务中起到了重要的作用。通过集成先进的自然语言处理技术，这些智能系统能够理解和响应用户的查询请求，提供即时的信息支持和解答。例如，用户可以通过图书馆的网站或移动应用与虚拟助理交流，询问关于图书馆资源、服务时间或活动信息等的问题。这些虚拟助理能够24/7无休地提供服务，极大地提高了服务的可用性和效率，同时减轻了人工服务人员的工作负担。

（二）智能导览与实景导航

智能机器人在图书馆内部的实景导航和智能导览中也显示出极大的潜力。这些机器人可以在图书馆内自由移动，为访客提供定向帮助，如指引他们到达特定的藏书区域或活动场所。通过整合定位技术和交互式界面，智能导览机器人能够根据访客的具体需求提供个性化的导览服务。此外，这些机器人还可以展示图书馆的相关历史和文化信息，提升访客的参与度和体验感。

（三）虚拟会议与在线培训

随着远程互动技术的发展，智能机器人和虚拟助理开始在虚拟会议和在线培训领域发挥作用。在当前疫情常态化和远程工作流行的背景下，图书馆可以利用这些技术提供在线学习和培训课程，使用户无须到场即可参与各种教育活动。虚拟助理可以协助处理会议安排、参与者互动和内容分享等任务，确保线上活动的顺利进行。此外，这些系统还能提供实时的互动支持，如回答参与者的即时提问，帮助用户达到学习效果的最大化。

总之，人工智能技术在现代图书馆管理中扮演着日益重要的角色，极大地推动了图书馆服务的现代化。随着技术的不断进步，AI 在图书馆的应用将进一步深化，为公众提供更为智能和便捷的信息服务。

第七章　现代图书馆人才培养与团队管理

第一节　图书馆人才需求分析

一、图书馆人力资源现状分析

（一）图书馆人员结构分析

图书馆的人员结构是其运作的基础，一般包括管理人员、图书馆员、技术人员和辅助人员。管理人员主要负责规划、组织、协调和控制图书馆的各项工作，他们的能力和素质直接影响到图书馆的整体运行效率。图书馆员是图书馆的核心力量，他们负责图书的采购、整理、编目等工作。技术人员主要负责图书馆信息技术系统的维护和管理，包括数字资源的建设和管理。辅助人员主要负责图书馆的后勤保障工作，如清洁、安全和接待等。在人员结构方面，一般来说，图书馆管理人员相对较少，而图书馆员和技术人员相对较多，这是因为图书馆的核心工作是图书的管理和服务，而技术的发展也使得图书馆需要更多的技术人员来应对数字化和信息化的挑战。辅助人员的数量则相对稳定，主要根据图书馆的规模和服务需求来确定。

（二）图书馆人员素质分析

图书馆人员的素质直接关系到图书馆的服务质量和效率。管理人员需要具备良好的领导能力、组织能力和沟通能力，能够有效地指导和协调团队完成各项工作。图书馆员需要具备良好的图书管理和服务意识，熟悉图书馆的各项业务流程和规范，能够为读者提供准确、及时、高效的服务。技术人员需要具备扎实的技术功底和创新意识，能够熟练掌握图书馆信息技术系统的运行和维护，及时解决技术故障和提升系统性能。辅助人员需要具备勤奋肯干、细心负责的工作态度，能够认真细致地完成各项后勤保障工作,为图书馆的正常运行提供保障。在素质方面,图书馆人员需要不断提升自己的业务能力和综合素质,以及通过学习和培训不断提升自己的专业水平和服务意识,以适应图书馆工作的新要求和新挑战。

(三)图书馆人力资源问题

虽然图书馆人员的结构和素质总体上比较稳定,但也存在一些问题需要解决。首先是人员流动性较大,特别是优秀人才流失的情况比较普遍,这可能与薪资待遇、职业发展空间及工作环境等因素有关。其次是人员结构不合理,可能存在管理人员过多而基层工作人员不足的情况,导致管理层和执行层之间的沟通和协调不畅。再次是人员素质不均衡,可能存在一些人员业务能力不足或者服务意识不强的情况,影响到图书馆的整体服务质量和效率。解决图书馆人力资源问题的关键是要制订合理的人力资源管理政策,包括完善薪酬福利制度、激励机制和职业发展通道,提高人员的归属感和满意度;优化人员结构,合理配置各类人员,保持管理与执行的平衡;加强人才培养和引进,通过内部培训和外部招聘等方式提升人员的综合素质和业务能力。同时,也要加强对人员的管理和考核,建立健全的绩效评价体系,激励优秀人才,引导一般人员不断提升自身素质,共同推动图书馆事业的发展。

二、图书馆人才岗位分析

图书馆人才岗位的需求涵盖了采编、读者服务、信息技术和管理等多个方面,每个岗位都有其特定的技能和素质要求。为了更好地满足图书馆的发展需要,图书馆应该根据实际情况制订合理的人才招聘和培养计划,注重培养人才队伍,提高图书馆的整体竞争力和服务水平。

(一)采编岗位人才需求

在采编岗位上,图书馆需要具备良好文献检索和图书采购能力的人才。这些人员应具备良好的信息检索技能,能够熟练使用各类图书馆信息系统和数据库,准确快速地找到读者所需的文献资料。此外,他们需要具备较强的图书评价能力和市场分析能力,能够根据读者需求和图书馆的发展方向,精准地进行图书采购和编目工作。

（二）读者服务岗位人才需求

读者服务岗位是图书馆的重要组成部分，需要具备良好的沟通能力和服务意识的人才。他们应能够熟练掌握图书馆的各项服务规范和流程，为读者提供准确、及时、周到的服务。此外，他们还需要具备良好的团队合作能力和问题解决能力，能够有效地处理读者的咨询和投诉，提高读者满意度。

（三）信息技术岗位人才需求

随着信息技术的发展，信息技术岗位在图书馆中的地位日益重要。图书馆需要具备良好的信息技术专业知识和技能的人才来维护和管理图书馆的信息系统和数字资源。他们应具备扎实的计算机技术功底，熟悉图书馆信息系统的架构和运行原理，能够及时解决技术故障和提升系统性能。

（四）管理岗位人才需求

管理岗位是图书馆的组织管理和决策执行的重要环节，需要具备较高的管理能力和领导力的人才。他们应具备良好的组织协调能力和决策分析能力，能够有效地规划和管理图书馆的各项工作。此外，他们还需要具备良好的人际沟通能力和团队建设能力，能够有效地激励和管理团队，推动图书馆事业的持续发展。

三、图书馆人才能力模型

（一）专业知识与技能

图书馆人才的专业知识与技能涵盖了从图书馆学的基础理论到具体的操作技能。信息检索技能要求图书馆员不仅能使用传统的图书馆目录系统，还需要熟练掌握各种电子资源和数据库的检索，如 JSTOR、PubMed 和其他专业数据库，以便能迅速准确地为读者找到所需资料。图书编目与分类技能则需掌握国际标准如 MARC 记录、国际图书编目原则（ISBD）和图书馆通用分类法（LCC），确保图书资源的有序管理和高效检索。数字资源管理能力则涉及对电子图书、数据库、影音资料等数字化资源的采集、整理、保护和提供访问服务，以及了解相关的版权法规和数字版权管理（DRM）技术。

（二）综合素质与软实力

在图书馆工作中，综合素质与软实力对于提高服务质量和工作效率至关重要。沟通能力不仅涉及对信息的准确表达，还包括有效地倾听用户的需求和反馈，以及与同事之间的协调沟通。团队合作能力强调在多样化的工作环境中与不同背景的同事共同工作，实现图书馆的整体目标。问题解决能力则要求图书馆人员能够面对各种突发情况，如计算机系统故障、用户查询问题等，迅速找到解决方案。服务意识和责任感体现在为用户提供高效、贴心的服务，以及对图书馆资料和用户隐私的保护上。

（三）创新思维与科研能力

在图书馆环境中，创新思维与科研能力表现为对新兴技术的关注和应用，如人工智能、大数据分析在图书馆服务中的应用，或是开发新的信息服务模式和工具，提高图书馆的运作效率和用户满意度。科研能力还包括能够开展图书馆学和信息科学领域的研究，通过科学研究方法解决实际工作中遇到的问题，不断更新和完善图书馆的服务与管理。

（四）管理能力与领导力

对于图书馆的中高层管理者而言，管理能力与领导力是推动图书馆持续发展的关键。这包括优秀的组织管理能力，如能有效地规划图书馆的人力和财务资源，制订工作流程和政策。决策能力则要求管理者在面对复杂情况时能够做出明智的选择，推动图书馆服务的创新和改进。危机处理能力在面对紧急情况，如自然灾害或技术失败时，能够迅速采取行动，保证图书馆的正常运作和用户的安全。团队建设能力则涉及激发团队成员的潜力，创造积极的工作氛围，促进成员之间的合作。

四、图书馆人才需求预测

人才需求预测是一个关键的战略规划工具，它帮助图书馆管理者了解未来可能需要的人力资源类型与数量，从而有效地制订招聘、培训和发展计划。

（一）定量预测模型

定量预测模型是进行人才需求预测的一种方法，它依赖数学和统计方法来预测未来的人才需求。

1. 时间序列分析

时间序列分析利用历史数据来预测未来趋势。在图书馆人才需求预测中，可以通过分析过去几年图书馆工作人员的数量、图书馆服务量（如借阅数量和访客量）和技术发展趋势，来预测未来所需的人才数量和类型。这种模型假设过去的趋势将在未来持续。

2. 回归分析

回归分析是一种统计工具，用于确定一个或多个自变量（如人口增长率、教育水平、技术变革速度）与因变量（如图书馆人才需求）之间的关系。在图书馆领域，可以使用回归模型来分析影响人才需求的关键因素，并基于这些因素来预测未来的人才需求。

3. 经济模型

经济模型考虑经济因素对图书馆人才需求的影响。例如，经济增长、教育和文化投资以及政府对公共服务的支持都可能影响图书馆的人力需求。通过构建包括这些变量的模型，管理者可以预测经济波动期间图书馆人才的需求变化。

4. 人工智能和机器学习

随着技术的进步，人工智能和机器学习方法被越来越多地应用于人力资源管理。这些技术可以处理大量数据，识别复杂的模式，并进行更精准的预测。在图书馆人才需求预测中，可以使用机器学习模型分析各种因素（包括用户行为、服务需求变化、技术使用趋势等）来预测未来的人才需求。

5. 仿真模型

仿真模型通过模拟不同的管理决策和市场条件来预测其对人才需求的影响。图书馆管理可以利用仿真技术来测试不同的服务扩展计划、技术投资或政策变化对人才需求的影响。

定量预测实施首先需要进行数据收集。这涉及收集与图书馆运营相关的历史数据和外部环境数据。历史数据包括过去几年的图书馆员工数量、服务量（如借阅数量和访客量）、技术设施的使用情况等。外部环境数据包括经济指标、教育水平、技术发展趋势等，这些因素可能影响到图书馆的人才需求。数据收集的下一步是选择合适的定量预测模型。这需要根据数据类型和预测目标来选择。例如，如果想要预测未来的人才需求趋势，可以选择时间序列分析模型或者回归分析模型，而如果想要考虑外部因素对需求的影响，可能需要考虑经济模型或者机器学习模型。选择模型之后，需要使用历史数据对模型进行训练和验证，以确保预测的准确性。这意味着将历史数据分成训练集和验证集，然后使用训练集来训练模型，使用验证集来验证模型的准确性和泛化能力。一旦模型验证通过，就可以应用模型进行未来人才需求的预测。这可能涉及制订不同的预测场景和假设，以获得多个预测结果，并在不同的未来情景下进行评估。随后，图书馆应将预测结果与实际情况进行比较，评估预测的准确性，并根据评估结果调整人力资源计划和策略。这包括制订招聘计划、培训计划、绩效管理政策等，以确保图书馆能够满足未来的人才需求，并有效地应对环境的变化。

（二）定性预测方法

定性预测方法在图书馆人才需求预测中同样发挥着重要作用，尤其当涉及到复杂的人力资源计划和不易量化的未来变化时。这类方法主要依赖于专家意见、经验判断以及对未来发展趋势的直观理解。以下是几种常用的定性预测方法：

1. 德尔菲法

德尔菲法是一种系统化的调查方法，通过多轮匿名调查收集专家意见，以达到对某一问题的共识。图书馆人才需求预测可以邀请图书馆学、人力资源管理、教育和技术等领域的专家来参与。通过多轮问卷调查，专家们独立提供对未来图书馆人才需求的看法，每轮调查后均提供匿名反馈，以帮助专家们修正自己的观点，最终形成较为一致的预测结果。

2. 情景规划

情景规划不是简单地预测未来，而是构建多个可能的未来情境，并探讨在每种情境下可能需要采取的策略。图书馆人才需求预测可以通过分析多种潜在的未来发展（例如，数字化转型、用户需求变化、经济条件波动等），来设计不同的未来图书馆运营模型，并分析在每种模型下的人才需求。

3. 专家判断

图书馆可以直接利用行业专家的知识和经验来预测未来的人才需求。这可以通过个别访谈或者小型研讨会进行。专家们基于自己对图书馆领域的深刻理解和行业发展趋势的观察，提供对未来人才变化的直观预测。

定性预测方法的实施包括几个关键步骤：确定参与预测的专家和相关利益相关者。这通常包括图书馆学领域的专家、经验丰富的图书馆管理者、用户代表以及可能的技术供应商。这些参与者因其对图书馆服务的深入理解及对未来发展趋势的见解，对预测过程至关重要。接下来的数据收集阶段，图书馆可以通过使用德尔菲法、焦点小组讨论等方法来收集数据。德尔菲法通过多轮匿名调查收集和综合专家意见，而焦点小组则促进面对面的深入讨论，使得参与者可以互相交流思想，分享对未来图书馆服务需求和技术发展的看法。这些讨论和调查可以帮助收集关于图书馆未来运营和人才需求的关键信息。分析与解释阶段涉及对收集到的数据和意见进行整理和深入分析。这一阶段的目的是从定性数据中提炼出有意义的洞察，形成对未来趋势的清晰理解。分析结果将揭示可能影响图书馆人才需求的关键因素，如用户需求变化、技术进步以及其他外部经济或政策因素。基于这些分析结果，图书馆接下来制订人才的招聘和培训策略。这包括确定所需的技能类型、制订招聘计划、设计培训项目以提升现有员工的技能，以及考虑未来可能需要的新角色或职位。制订的计划应灵活，能够适应预测过程中未来可能出现的任何变化。实施人才策略后，图书馆必须不断监控外部环境和内部发展变化，以评估现行人才策略的效果，并根据新的市场情况或技术发展对策略进行必要的调整。这可能涉及重新评估既定的招聘目标、调整培训需求，或是对策略的全面改革，以确保图书馆能够持续实现其服务目标并有效应对未来挑战。

第二节 人才培养机制

一、图书馆人才培养的重要性

（一）图书馆人才培养的必要性

图书馆事业的发展离不开高素质专业人才队伍的支撑。培养图书馆专门人才是确保图书馆可持续发展的必然要求。这主要基于以下几个方面的现实需求：

图书馆服务对象和内容正在经历多元化变革。传统单一的图书馆员已经难以满足多样化服务需求，因而必须培养综合素质更高、具有复合型知识技能的新型人才。比如数字资源建设需要信息技术人才，数字人文服务需要跨界复合人才等。只有通过人才培养锻造新型馆员队伍，才能使图书馆服务能力与时俱进。

信息技术的高速发展为图书馆带来了全新的运营模式和服务手段，也对馆员的专业技能提出了更高的要求。云计算、大数据、人工智能等新技术的应用，对馆员技术应用能力是一大考验。如果不加强人才培养，图书馆将难以紧跟时代潮流，在数字化竞争中失去主动权。

新时代赋予了图书馆新的社会职能，如支持终身教育、传播新型知识等，这就需要馆员拥有更高的专业素养和综合素质。未来的图书馆不仅是文献信息中心，更是学习中心、创新中心，肩负着培养公民终身学习习惯、引领知识创新的重任。而这些新型职能的担当对于馆员的素质要求更高，所以必须通过人才培养来实现。

在当前行业竞争日益激烈的环境下，图书馆需要具备创新思维和前瞻视野的优秀人才来引领事业发展。相比于其他文化机构，图书馆在服务理念、运营模式等方面应该成为行业的先驱和示范而这就需要馆员树立创新意识，具备解决复杂问题的能力。因此，加强人才培养对于提升图书馆的核心竞争力至关重要。

（二）图书馆人才培养的目标

图书馆人才培养的总体目标是为图书馆培养一支高素质的专业化服务型人才队伍，全面满足图书馆可持续发展对人力资源的需求。具体来说，人才培养目标包括以下几个方面：

专业素质方面，帮助馆员夯实文献情报专业理论基础，熟练掌握图书馆业务技能，培养采编、服务、资源利用等核心能力，同时要培养馆员跨界跨学科的知识视野，丰富知识结构，拥有复合型知识体系，使馆员能够适应多元化服务需求，全面提升专业能力。

技能素养方面，培养馆员运用现代信息技术的能力，重点包括计算机网络技术、数字资源建设、数字服务等数字技能，使馆员能够熟练运用数字化手段开展工作，满足数字化图书馆建设需求。同时，还需培养一定的软件开发、系统维护等技术应用能力。

个人素质方面，培养馆员良好的职业操守和服务理念，使他们具备开放包容的人文素养。树立创新意识和终身学习的理念，锻造批判性思维能力，培养宽广的国际视野，使他们跟上全球图书馆发展大势。最后，重视培养以人为本的服务理念，将读者需求放在首位。

管理能力方面，培养馆员的策划组织、沟通协调、执行推进的综合管理素质，使其具备项目管理、质量管理、团队管理等管理技能，能够统筹规划、高效实施各项工作。同时具备一定的变革管理能力，适应图书馆的不断创新和发展。

总之，图书馆人才培养必须立足服务需求和发展形势，培养一批专业能力扎实、创新意识坚定、服务理念先进、管理能力出众的高素质复合型人才，为图书馆可持续发展和行业引领提供坚实的人力资源保障。

（三）图书馆人才培养的原则

图书馆开展人才培养工作应当遵循以下基本原则：

1. 与实践相结合的原则。坚持理论联系实际，在实践中锻炼馆员的实操能力，提高其专业技能。实践活动如采编实习、读者服务实践、参与技术项目可以使知识内化为本领。

2. 培养与使用并重的原则。重视馆内员工的培养发展，也要重视吸引社会优秀人才。内培外引并重，不断优化人才结构，实现人尽其才。

3. 因材施教的原则。根据馆员的知识背景、能力水平、发展需求，采取针对性的分类指导和个性化培养方案，促进每个人的个性化、差异化发展。同时根据馆员职级、岗位性质，对人才进行分层分类培养。

4. 终身学习的原则。将学习理念渗透到人才培养的全过程，培养馆员的学习兴趣和习惯，形成持续进修的自觉意识，适应终身学习的时代要求。

5. 系统性和前瞻性原则。秉持系统思维，科学规划人才培养的总体战略和方向目标，形成完整的培养体系。同时培养战略要具有前瞻性，对接未来图书馆发展需求，储备应对变革所需的人才资源。

6. 注重实效性原则。将人才培养与馆员实际工作业绩、岗位胜任能力挂钩，保证培养的针对性和实效性，让培养行为能为图书馆发展贡献绩效价值。

图书馆应当将人才培养作为重中之重，系统制订科学合理、切合实际的人才培养战略。贯彻以上原则，可以帮助图书馆构建起系统完备的培养体系，为图书馆事业的持续发展提供智力支撑和人才保障。

二、图书馆人才培养体系构建

（一）培养计划制订

科学合理的人才培养计划是构建图书馆人才培养体系的基石和先决条件。制订培养计划需要遵循以下原则：

1. 战略规划性原则

图书馆人才培养计划的制订必须与图书馆整体发展战略相一致，服务于图书馆发展目标，要从图书馆发展的战略高度来审视人才需求，对标图书馆的发展蓝图，明确人才培养的方向和重点。只有与发展战略相统一，人才培养才能真正发挥保障作用。其次是系统整体性原则。人才培养不是单个环节的简单堆砌，而是需要一个有机的完整体系。在制订计划时，要统筹安排各环节，实现系统设计和整体谋划。人才培养还需要制订分门别类的培养方案，针对不同层次、不同岗位的员工予以分类指导，覆盖理论和实践等各方面。

2. 前瞻性原则

当前图书馆正面临数字化转型等重大变革，对人才需求也产生深刻影响。因此，培养计划的制订必须具有前瞻性，对接行业发展趋势和未来人才需求，并为此留有战略储备。大数据分析、人工智能等新兴技术对人才的需求都需纳入培养计划的考量范畴。

3. 灵活务实的原则

人才培养毕竟是一个长期的系统工程，制订计划时虽需要战略眼光，但也要与实际工作相结合，保留一定的弹性空间。随着内外部环境的变化，人才培养要有调整优化的机制，体现灵活性和务实性。

具体计划设计需要全面分析现有人才队伍的知识结构、能力水平、短板等，对症下药，制订出切合实际的分类指导方案，包括基础理论培训、专业技能培养、管理能力培育等不同层面；同时要合理确定培养对象和阶段，安排入职培养、在岗培养、晋升培养等，覆盖员工职业生涯全过程；对于新入职员工，要制订系统的入门计划，帮助尽快实现角色转换，顺利融入团队。

（二）培养途径设计

图书馆人才培养应该多元并重，线上线下、理论实践相结合，形成立体育人的格局。

组织内部培训是最直接有效的培养方式。图书馆可定期开设基础理论、专业技能、岗位实务等各类培训班，通过集中面授的方式实现知识传帮带；还可采取讲座论坛等形式，开展专题理论研讨，通过导师讲授和学员互动的方式传递前沿知识和实践经验。

实践锻炼，将理论知识内化为专业技能，如安排馆员参与采访编目的实际操作流程、数字资源建设项目、读者服务窗口等，在"练兵"中提高本领；还可开展跨部门的轮岗交流，促进相互学习、加深对工作全流程的理解。

要利用远程培养方式，如网络在线课程、视频会议等形式，获取先进理论和实践经验，实现低成本培养。图书馆应鼓励员工自主选修优质在线课程，拓展知识视野，并邀请国内外专家通过视频会议的形式开设讲座或培训班，吸收国际国内的先进理念。

另一重要培养途径是研修学习。图书馆可选派骨干员工到国内外知名图书馆或高等院校进修深造，扩展国际视野，吸纳行业前沿理念和实践经验，或委托高校开设定制化研修班，结合图书馆实际培养应用型人才。

传统的师徒结对方式也不可或缺。资深导师对年轻员工的悉心指导可以传递专业技艺，传承工作经验，培养职业修养，发挥导师的言传身教作用，形成生动的实践教育。

创新文化氛围，建立学习型组织可以激发员工自主学习的内在动机。图书馆应鼓励员工参加学术研讨、专业考试、业余培训等多种形式的学习，培养终身学习的意识和习惯，实现自我驱动式的持续进修。

（三）培养课程开发

培养课程是人才培养体系的核心内容。图书馆必须围绕实际工作需求，开发一系列紧密衔接、内容前沿的培养课程。

基础理论课程，如图书馆学基础理论、文献采访编目、文献资源利用等，可以传授扎实的专业基础知识，夯实理论根基。这是培养高素质馆员的基本功。核心技能课程包括采编工作流程、数字资源建设、读者服务管理等图书馆核心业务的专业技能。编目格式、数据库检索、参考咨询、用户体验等诸多应用型课程，可以直接锻炼馆员的专业本领。管理能力课程，如项目管理、团队管理、质量管理等通用的管理类课程使得馆员不仅具备专业技能，还具备组织协调、统筹规划的综合管理能力，培养全面发展的馆员队伍；此外还需开发职业素养课程，包括职业操守、服务意识、创新思维等内容，塑造馆员良好的职业品德和工作作风，培养以人为本、创新务实的工作理念。

随着新技术的迭代更新，课程设置也需与时俱进，增加如数字人文、人工智能、虚拟现实等新型技术应用课程，使馆员具备运用新技术的能力。

三、在职人员培训机制

（一）入职培训制度

入职培训是图书馆员工职业生涯的起点，是使其顺利融入工作岗位、尽快熟悉业务流程的重要环节。因此，图书馆必须建立科学完备的入职培训制度，为新员工铺平职业发展的通道。

入职培训的目标是使新员工尽快了解和适应图书馆的文化理念、工作环境和职业要求，学习必备的基础知识和基本技能，提高工作效率，缩短角色转换的时间。培训内容需涵盖以下几个方面：

首先是企业文化教育，向新员工介绍图书馆的发展历史、管理理念、行为规范等，培养职业认同感。其次是岗位基础知识培训，对新员工所在职位的专业理论、业务流程、工作职责进行全面启蒙。再者是如计算机办公、文书写作、沟通表达等基本技能训练。入职培训采取理论讲授与实践演练相结合的方式，既有集中的课堂学习环节，又有工作实习和现场指导。培训形式可采取专题讲座、案例研讨、模拟演练等多种方式，增强互动性和直观性。入职培训要注重体系化和系统性，不能流于形式主义。培训课程内容应包括基础部分和专业部分，基础部分为所有新员工统一安排，专业部分则根据不同岗位分类设置。培训计划需合理制订教学计划、编写培训教材等；此外还需建立导师指导机制，为每位新员工配备一名资深员工担任职业导师，传帮带新员工熟悉业务，指导实习实践，帮助其融入工作环境。导师要定期与新员工沟通交流，了解其困难，给予针对性指导。

良好的入职培训制度能够加快新员工适应环节，帮助其尽快成为合格的图书馆专业人员。图书馆要高度重视这一环节，不断完善培训内容和培训机制，切实提高培训质量，为员工职业生涯打下坚实基础。

（二）岗位培训制度

岗位培训是提升图书馆员工队伍专业素养和技能水平的根本保障，是构建持续学习型组织的关键环节。因此，图书馆必须扎实推进岗位培训工作，建立常态化、制度化的岗位培训体系。

岗位培训的核心目标是提高员工的工作绩效和专业能力。培训内容应服务于提高馆员的专业水平，旨在提升业务质量和工作效率。培训形式十分灵活多样，既有集中的理论课程，也有实地的实操培训，既可采取传统课堂讲授，也可借助现代在线教学手段，充分利用各种信息化培训方式，拓宽培训渠道。

岗位培训要遵循"因陋就简、分类指导"的原则，根据馆员分工和能力水平，制订不同培训方案。对于专业技术岗位，可开设涉及专业理论知识、技术操作技能等方面的专门培训；对基层一线业务人员，开展实用性技能培训和工作流程培训更为合适；而对管理层级，重点培训管理理念和管理方法。

培训师资力量是关键。图书馆要重视建设自身的师资队伍，发挥馆内骨干力量，打造一批专业且稳定的内部师资力量。同时广泛吸纳馆外专家学者，组建一支高水平的兼职教师队伍，优化师资结构。岗位培训要贯穿员工的整个职业生涯周期，既包括新晋中层干部的任职培训，也包括老员工的知识更新和继续教育。重要的是要建立长效机制，不断修订培训内容、更新教学方法，与时俱进；人才培养离不开评价机制的保障。岗位培训要建立科学的考核机制，将培训情况与员工薪酬绩效、职务晋升、岗位考核等相挂钩，确保实效；还可对培训效果开展跟踪评估，收集员工反馈，持续改进和完善培训方案。

（三）继续教育制度

不断学习是图书馆员工的必修课。在快速变革的时代，只有与时俱进学习新知识、掌握新技能，图书馆事业才能永续发展。因此，图书馆必须重视继续教育，为员工搭建持续进修的平台。继续教育是为图书馆员工提供专业理论知识和先进技术技能的进修机会，与职业教育、在职培训形成互补。它贯穿馆员的整个职业生涯，不受时间、空间和形式的限制，具有广泛性和可选择性。继续教育内容可以包括学位研究生教育、非学位研修班、岗位培训等，既有理论知识的系统培养，也有实用技能的专门培训；既可以选修学科课程，也可通过参加专题讲座论坛拓展视野。制度设计上，要为员工创造充分的继续教育机会。如为有需求的馆员申请国内外著名高校研究生学习资格提供便利，资助攻读学位；或委托高校订制开设图书馆专业研修班，为馆员持续进修创造条件。图书馆应鼓励员工自主选择感兴趣的继续教育形式，可开辟在线学习平台，集成国内外优质课程资源，让员工根据自身需求自主选修，也可扶持员工参加社会力量举办的各类职业培训、考试等，让员工保持终身学习的积极性和自觉性。

图书馆可采取适当资助机制对继续教育进行投入，如对获得研究生学位的员工一定比例资助部分费用，对参加培训等其他形式给予一定补贴等，并将继续教育的学习成果与职务晋升、薪酬调整等挂钩。健全的继续教育制度，不仅能够持续提升馆员队伍的整体素质，更能提升个人的学习主动性，促进图书馆持续创新，与时俱进。

第三节　团队建设与领导力发展

一、团队建设的重要性

（一）团队的概念和特征

团队是由两个或两个以上的个体组成，为实现共同目标而进行合作的人际群体。团队与一般的小组存在明显区别，它具有以下几个显著特征：

团队有明确的共同目标和愿景。成员之间存在着高度的目标认同感，个体追求与团队目标高度统一。其次，团队内部存在合理的分工与紧密协作。成员之间分工明确、相互依赖，通过协调一致的行动实现目标。再者，团队中存在着积极的互动与良性的冲突。成员之间保持着畅通的交流和反馈，通过分歧碰撞产生新的思维火花。

优秀的团队还应该具备高度的凝聚力和团队意识。成员之间存在着相互信任、包容、宽容的关系纽带。大家以团队利益为重，形成强大的向心力。同时，成功的团队也需要科学的领导和管理制度，使整个团队运转协调、高效有序。

（二）高绩效团队的作用

一支优秀的高绩效团队，将为组织的发展注入源源不断的动力，其重要作用主要体现在：高绩效团队可以释放出超过个体总和的整体力量。团队协作将个体能力进行最优组合，产生"1+1>2"的化学反应，促进组织绩效的整体提升。其次，高绩效团队具有强大的创新活力。成员之间的思维碰撞将激发创造性思维，为组织持续创新注入不竭动力。优秀团队能够为组织营造积极向上的文化氛围，增强凝聚力和认同感。团队成员将以团队荣誉为荣誉，以团队事业为事业，促进组织文化内涵的传承和发展。此外，高绩效团队还能提高工作效率，快速高效地完成目标任务，为组织创造更大价值。可以说，组建和培育优秀的团队，是组织获得持续竞争力的重要保证。一个个优秀的团队的存在，将为整个组织的发展注入不竭的动力。

（三）图书馆团队建设的需求

作为服务型公共机构，图书馆事业的发展离不开团队的整体合力。构建高绩效团队，是推进图书馆高质量发展的现实需求。

图书馆的业务涉猎广泛，需要团队整体智慧的集成。文献采集、资源建设、读者服务、信息技术应用等，都需要不同专业背景人员的通力合作，只有团队分工协作，才能充分整合各方面力量，实现资源最优配置。图书馆事业正面临数字化转型等重大变革，而一个无法凝聚力量的松散团队，很难推动系统性的变革创新。必须建设高绩效团队，充分调动团队的积极性和创造性，才能在变革实践中遇事勇猛、永不止步。图书馆作为公共文化阵地，其服务质量和社会影响力很大程度上取决于馆员队伍的整体素质。一支团结协作、精神面貌良好的团队，必将以优质高效的服务赢得公众信赖和支持，为图书馆赢得社会声誉。图书馆日益多元化的发展目标，如学习型、创新型、普及型等，都需要团队的通力配合来实现。只有建设一支协作默契、凝聚力强的高绩效团队，才能适应图书馆事业发展的新形势新要求。

二、图书馆团队建设策略

（一）团队目标制订与共识凝聚

明确的团队目标是凝聚团队向心力的基石。图书馆领导者需要基于馆舍发展战略，制订清晰的团队目标和任务分工，使每位成员明确自身的职责定位。同时，要充分听取团队成员的意见建议，让大家充分参与和认同目标的制订过程，在民主讨论的基础上达成共识。

领导者要做好统筹规划，将团队目标分解落实为可衡量、可执行的任务计划，对团队成员形成有效的约束；在目标实施过程中，要定期检视进展，及时调整偏差，确保最终目标的完成；同时，根据目标完成情况，给予相应的肯定和激励。

团队目标的层层分解和考核督办可以将各个成员的分散力量聚集统一，形成强大的向心力和执行力。当团队成员看到目标的阶段性成果时，必将进一步坚定团队意识和责任心。

（二）团队角色分工与协作机制

优秀的团队离不开每个成员的专业分工和紧密协作。基于团队目标任务，图书馆领导需要合理划分职责边界，根据每个成员的特长优势，科学分配工作角色；同时要设计高效的工作流程，明确工作流转路径，打造无缝对接的协作链条。

在角色分工时，要体现公平公正的原则。对重点工作安排专职人员，对常规工作设立轮值机制，让每个人平均分担劳动强度；对于一些新兴工作，也应给予年轻员工更多的施展空间，培养新生力量。

优秀团队要注重协作氛围的培养，可定期开展团队活动，或组建临时项目小组，促进成员之间的交流互信，培养互帮互助的协作意识；对表现突出的协作典范予以嘉奖，用正向强化的方式培养协作文化。

（三）团队沟通与冲突管理

良性的沟通和有效的矛盾防治，是保持团队和谐运转的先决条件。图书馆领导应重视搭建多元化的沟通渠道，鼓励团队成员畅所欲言，倾听不同声音；定期召开大小会议、建立网络论坛、设置意见箱等，为团队对话创造空间。

同时要重视培养同理心，用真诚、尊重的态度倾听每个人的想法，互相包容和欣赏彼此的独特价值。在此基础上，领导团队再通过耐心的政策引导，促进思想统一。

对于难以避免的矛盾分歧，领导者要保持公正和睿智，及时开展调解和疏导，避免矛盾激化。要识别矛盾根源，区分事理分歧和个人恩怨，用宽广胸怀化解个人积怨，用理性态度对待分歧。对一些根深蒂固的矛盾，则需要果断纪律约束。

（四）团队文化培育与情感维系

良好的团队文化是凝聚力的源泉，是提升凝聚力的重要途径。图书馆领导应当以馆舍发展理念为基石，结合馆员价值取向，凝练出崇尚创新、激情专注、严谨务实、团结协作的独特文化内核。

在文化建设中，要弘扬正能量、传播正能量。可以通过开展主题活动、案例分享等方式，生动诠释团队文化内涵，培养团队成员对文化理念的认同感。要对体现文化价值观的优秀典型进行树立和宣传，在正面的行为示范引领文化自觉。

领导者要注重对团队成员的情感关怀和人文关爱，在细微之处表达对大家的尊重和关爱，如生日祝福、节假探望、家庭慰问等，通过点点滴滴的人情温暖，建立情感纽带。在重大事件和重要时刻，图书馆领导也要给予应有的关注和支持，让大家感受到团队的温暖和力量。

三、图书馆领导力发展

（一）领导力的内涵与作用

领导力是指个人影响他人实现既定目标的能力。在图书馆领域，良好的领导力对于推动组织高效运转、团队建设、服务创新至关重要。卓越的图书馆领导者应该具备远见卓识、改革勇气、执行力和责任心，能够带领团队应对环境变化，把握发展机遇。

领导力的核心内涵包括：制订组织愿景、明确发展方向；增强团队凝聚力；进行有效决策与资源调配；培养创新思维与加强变革动力。图书馆领导者需要在业务素养的基础上，兼具良好的领导才能，才能真正发挥领导力的作用。

卓越的领导力将激发团队的创造活力，推动图书馆持续创新；领导者用人之长、用情用理，能凝聚团队向心力；领导者以身作则、廉洁自律，将为组织注入正能量。因此，培养和锻炼图书馆领导力对于提升图书馆的社会影响力和公信力至关重要。

（二）变革型领导理论

变革型领导理论强调通过影响员工的价值观、信念和态度，激发其自我实现的动力和追求卓越绩效的愿望，从而推动组织持续改革和创新。这种领导模式非常适用于当前图书馆面临的复杂多变的环境。

变革型领导者应当具备卓识远见、战略眼光和创新思维，勇于突破陈规旧习，主动拥抱变革；同时也要有强大的号召力和感染力，用理念驱动团队，凝聚共识，激发团队活力。他们通过授权赋能和智力激励，发掘和释放团队的创新潜能。

在图书馆领导实践中，变革型领导需要着眼于图书馆的可持续发展，制订清晰的愿景和战略规划，并通过系统的顶层设计和改革落实，促进图书馆的持续进化和创新，与时俱进满足读者需求。同时，变革型领导者以身作则、以德服人，用卓越品格引领团队，营造良性的创新文化氛围。

（三）情境领导理论

情境领导理论认为，有效的领导行为需要与具体情境相适应，领导者应根据被领导者的成熟度和工作情境的不同，灵活调整领导风格和方法。这个理论为图书馆领导提供了重要参考。

图书馆领导需要对馆员的能力水平和工作状态有清晰的认识，对于能力较弱主动性也不高的馆员，领导者应采取明确指导型领导方式，给予馆员明确的任务分工和监督；对于能力较强但缺乏主动性的馆员，则更应该进行引导型领导，发掘潜能，培养主动精神；而对于富有能力和动力的骨干馆员，可采取支持型和授权型领导方式，给予更多自主权和资源支持。

除了馆员素质，对于不同的工作情境和发展阶段，图书馆领导也需要采取不同的领导方式，如在机构转型期，领导者需要更专注于变革推动；在发展成熟期，则应着重于服务质量和团队建设；在危机时期，领导者则需要挺身而出、果断应对。

（四）服务型领导理论

服务型领导理论认为，卓越的领导是为他人服务的领导，领导者应当以谦逊、尊重、服务的态度对待追随者，以身作则，激发员工的内在动机，实现自我价值。这与图书馆的公共服务理念高度契合。

图书馆服务型领导应该真诚关爱馆员，以平等、理解和信任的心态对待每位馆员，尊重每位馆员的人格，发挥每个人的价值；在工作中给予足够的授权和支持，倾听不同声音，鼓励创新，用包容的心态面对每位馆员。

同时，服务型领导者应以身作则，以饱满的工作热情、严格的职业操守和无私奉献的精神为馆员树立榜样；用真诚的关爱和谦逊的态度感化员工，让馆员在精神层面对工作产生归属感，自觉把个人发展融入图书馆的事业发展之中。

四、图书馆领导力培养途径

（一）领导培训计划

系统的领导力培训计划是培养图书馆领导力的重要途径。图书馆应当制订科学的领导力培训体系，通过理论学习、案例分析、情景模拟、角色扮演等多种形式，帮助培养对象全面提升领导素质。

领导培训的内容应当包括领导理论知识，如领导力本质、领导者角色、领导风格、领导技能等；组织管理知识，如战略规划、变革管理、绩效管理、团队建设等；以及个人素质，如决策能力、沟通能力、创新思维、情商管理等。同时，还应重视领导力实务训练，如危机处理、谈判技巧、员工激励等，提升培训对象的实操能力。

不同层级的领导者，培训的侧重点也有所区别。对于基层领导，更多关注业务管理技能；对于中层领导，着重培养战略思维和人力资源管理能力；对于高层领导，则需进行领导力塑造和加强变革动力。

（二）领导力实践锻炼

领导力来自实践，只有不断地实践锻炼才能巩固和提高领导能力。图书馆可以为潜在的领导者提供暂理领导岗位的机会，让他们在实践中培养领导经验；也可以通过项目挑战赛、工作间歇等形式，临时赋予他们一定的领导权力和资源，模拟真实的领导场景。

在实践过程中，潜在领导者将面临各种复杂的情况和难题，需要作出决策并协调资源，这将锻炼他们的应变能力、驾驭能力和执行力，同时也能检验其领导潜质，体现出领导风格和领导特质。通过实践的历练，他们将积累宝贵的第一线管理经验。

图书馆还应为潜在领导者配备资深的导师，通过导师的指导督促，他们可以在实践中形成正确的领导理念，掌握有效的领导技巧，培养领导习惯和职业操守。

（三）导师制与个人发展规划

建立导师制度，为图书馆骨干和后备人才配备资深的导师，能够有效促进领导力的传帮带。导师除了传授专业知识和管理经验，更重要的是树立良好的职业榜样，影响学员的价值观和行为方式，帮助学员确立职业发展方向。

在导师的指导下，学员需要制订个人的职业生涯规划和发展蓝图。导师和学员需要就职业发展目标、发展路径、需要掌握的领导力要素、个人优势和不足等进行深入的分析和探讨。

在此基础上，制订切实可行的个人发展计划，包括学习的内容和方式、培训的机会、实践锻炼的场景、个人的改进计划等，并持续跟踪学员的发展状况，适时给予调整和反馈。通过导师的系统指导，学员将有意识地培养自身的领导素质。

总之，图书馆领导力培养需要采取多种方式并举、系统的培训计划为其打下理论和技能基础，实践锻炼则是领导力成长的重要历练，而导师制和个人发展规划则可以保证培养的针对性和持续性，共同促进图书馆领导人才的成长。

参考文献

[1] 王超湘著.现代图书馆理念论纲.北京：北京燕山出版社，2005.04.

[2] 袁明伦.现代图书馆服务 [M].成都：四川大学出版社，2013.

[3] 于瑛.现代图书馆管理体系研究 [M].哈尔滨：东北林业大学出版社，2016.

[4] 吴海媛.互联网思维下图书馆服务创新体系的构建 [J.图书馆学研究，2017（1）.

[5] 姚新茹，刘迅芳：现代图书馆读者服务 [M].北京：海洋出版社，2009.

[6] 鲁黎明，图书馆服务理论与实践 [M].北京：北京图书馆出版社，2005.

[7] 阮光册，杨飞编.公共图书馆管理与服务 [M.上海：上海科学技术文献出版社，2015.

[8] 吴恒梅著.现代图书馆管理理论与实践.世界图书出版广东有限公司，2012.08.

[9] 李静，乔菊英，江秋菊著.现代图书馆管理体系与服务研究.长春：吉林人民出版社，2019.08.

[10] 夏春红，于刚，印重主编.现代图书馆资源管理与推广服务.北京：北京理工大学出版社，2017.06.

[11] 位毅.新形势下学校图书馆管理工作的创新分析 [J].时代报告，2018（18）：174.

[12] 华红.图书馆信息化管理与建设的创新路径 [J].办公室业务，2021（23）：94-96.

[13] 梁田.高校图书馆管理创新中的人本管理思考 [J].经济师，2021（02）：203-204.

[14] 王丹.大数据时代公共图书馆图书管理的创新路径 [J].传媒论坛，2021，4（22）：146-148.

[15] 矫威 . 图书馆管理的改革与创新 [J]. 产业与科技论坛，2021，20（17）：272-273.

[16] 郑金玲 . 人本管理思想在高校图书馆管理创新中的应用探讨 [J]. 产业与科技论坛，2021，20（24）：271-272.